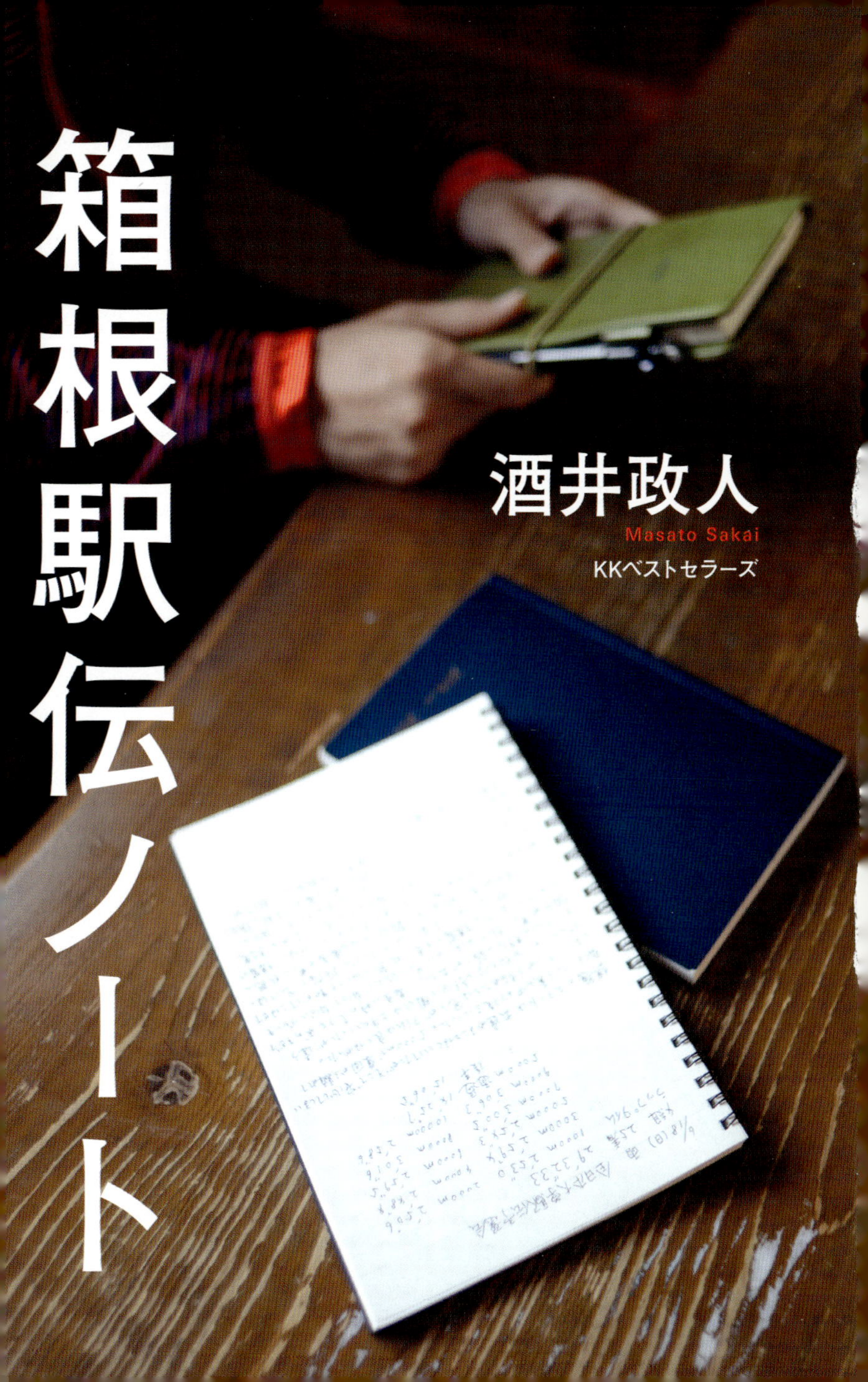
箱根駅伝ノート
酒井政人
Masato Sakai
KKベストセラーズ

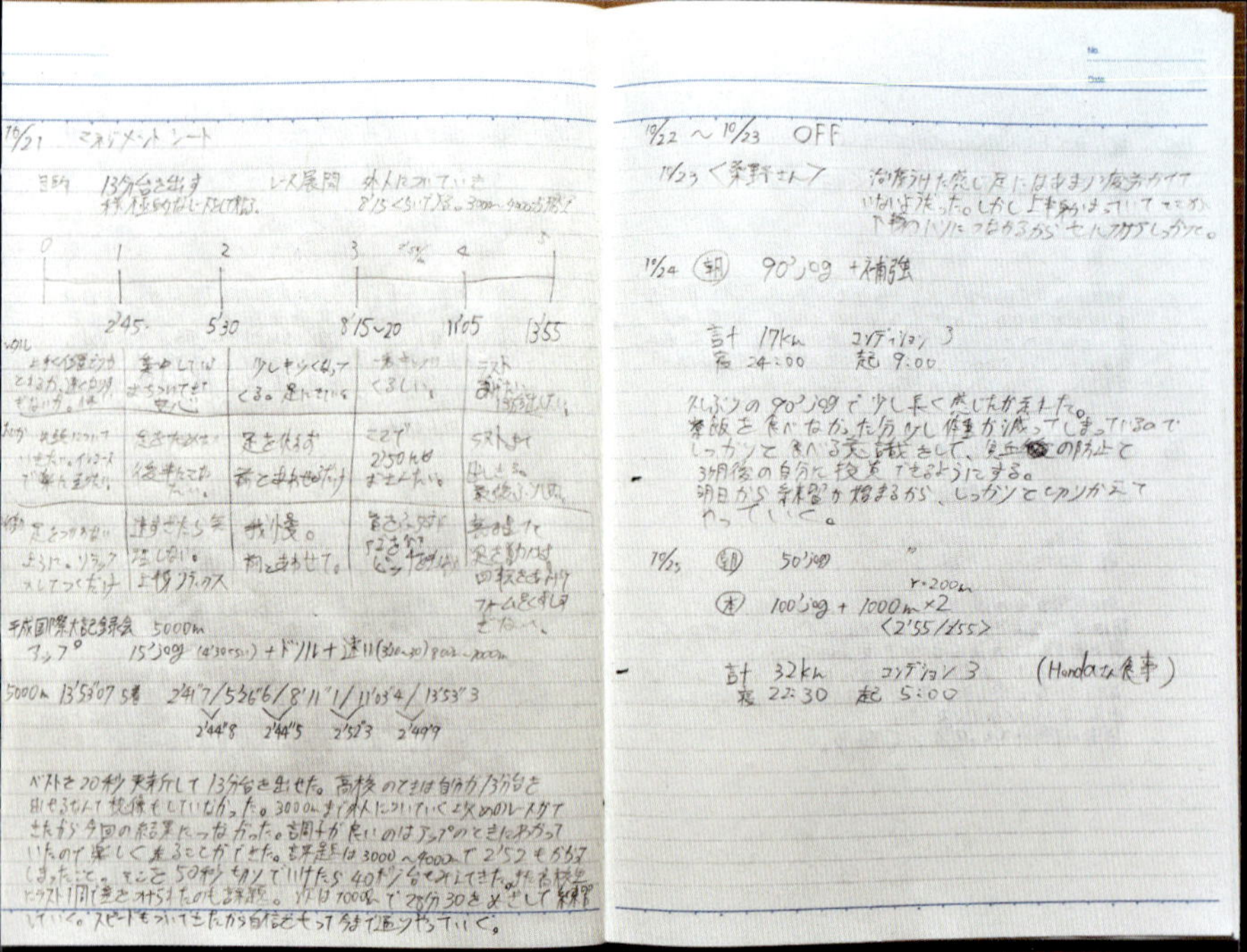
10/22 〜 10/23 OFF
5000m 13'53"07 5着
計 32km コンディション 3

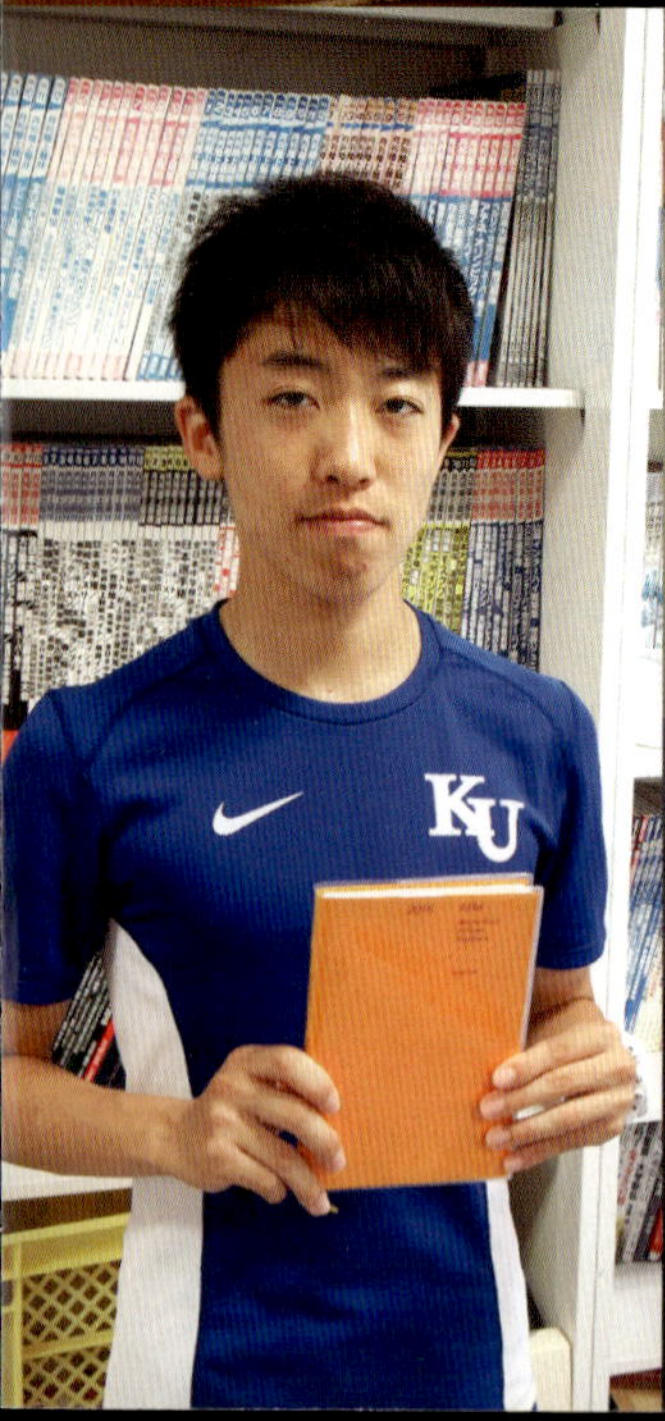
KU

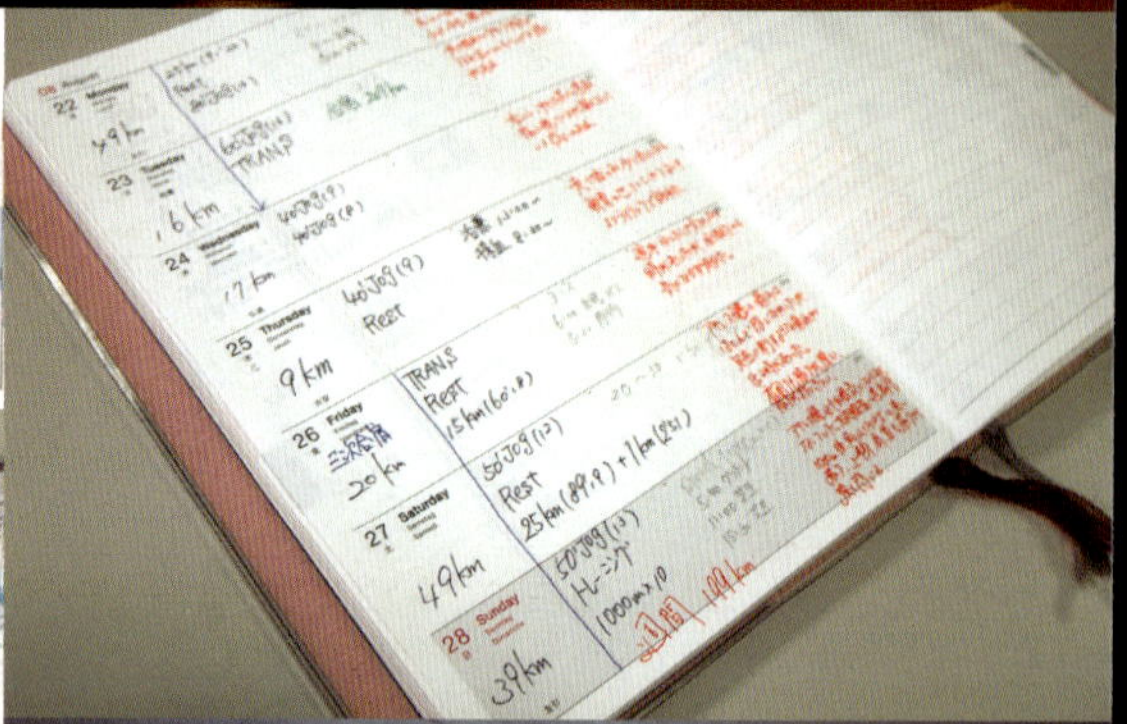

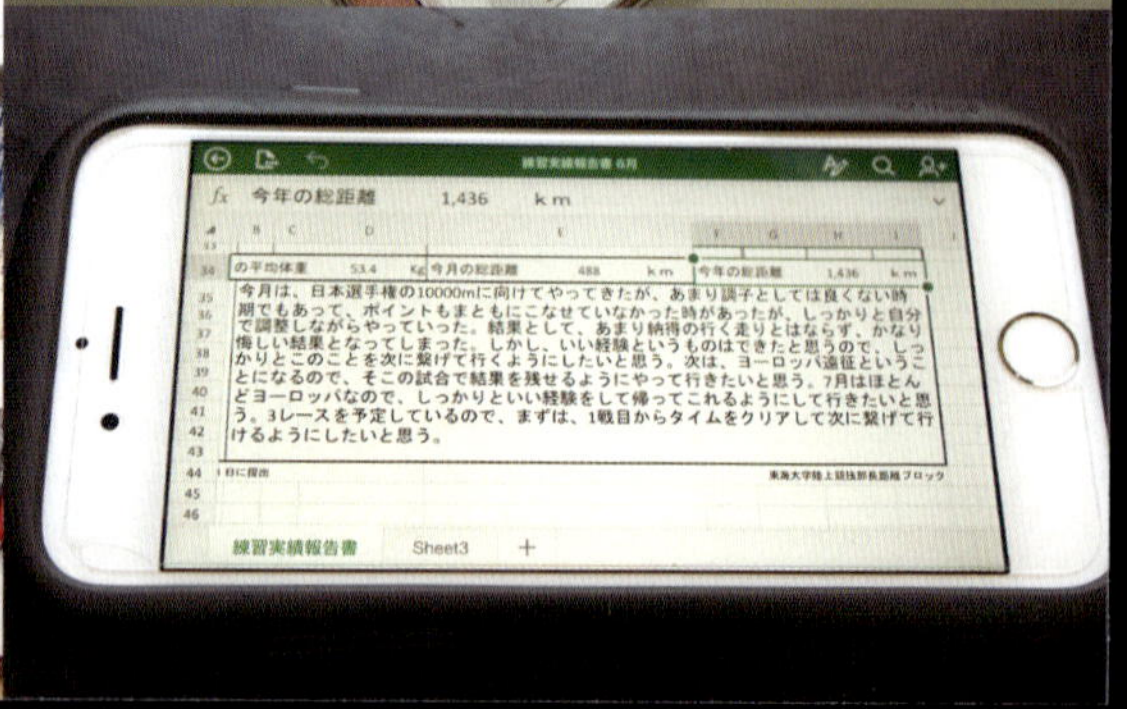
練習実績報告書 6月
今年の総距離 1,436 km
の平均体重 53.4 kg 今月の総距離 488 km 今年の総距離 1,436 km
今月は、日本選手権の10000mに向けてやってきたが、あまり調子としては良くない時期でもあって、ポイントもまともにこなせていなかった時があったが、しっかりと自分で調整しながらやっていった。結果として、あまり納得の行く走りとはならず、かなり悔しい結果となってしまった。しかし、いい経験というものはできたと思うので、しっかりとこのことを次に繋げて行くようにしたいと思う。次は、ヨーロッパ遠征ということになるので、その試合で結果を残せるようにやって行きたいと思う。7月はほとんどヨーロッパなので、しっかりといい経験をして帰ってこれるようにして行きたいと思う。3レースを予定しているので、まずは、1戦目からタイムをクリアして次に繋げて行けるようにしたいと思う。
東海大学陸上競技部長距離ブロック
練習実績報告書
Sheet3

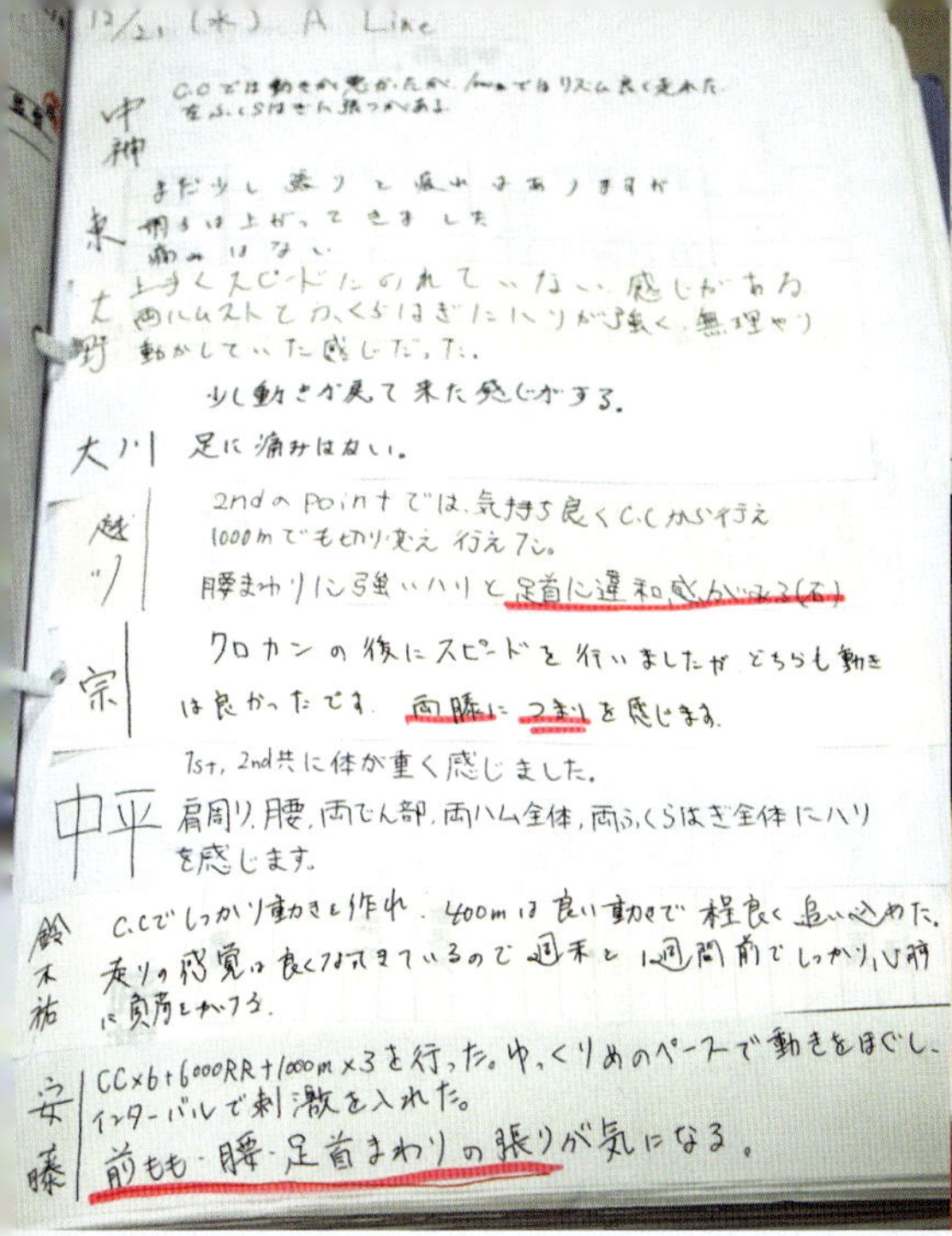
12/21 (水) A Line
中神 C.Cでは動きが悪かったが、1000mではリズム良く走れた。左ふくらはぎに張りがある
まだ少し張りと疲れがありますが
東 調子は上がってきました
痛みはない
大野 上手くスピードにのれていない感じがある
両ハムストとふくらはぎにハリが強く、無理やり
動かしていた感じだった。
少し動きが戻って来た感じがする。
大川 足に痛みはない。
越ツ 2ndのpointでは、気持ち良くC.Cから行え
1000mでも切り替え行えた。
腰まわりに強いハリと足首に違和感がある(右)
宗 クロカンの後にスピードを行いましたがどちらも動き
は良かったです。両膝につまりを感じます。
1st, 2nd共に体が重く感じました。
中平 肩周り、腰、両でん部、両ハム全体、両ふくらはぎ全体にハリ
を感じます。
鈴木祐 C.Cでしっかり動きを作れ、400mは良い動きで程良く追い込めた。
走りの感覚は良くなってきているので週末と1週間前でしっかり心肺
に負荷をかける。
安藤 CC×6+6000RR+1000m×3を行った。ゆっくりめのペースで動きをほぐし、
インターバルで刺激を入れた。
前もも・腰・足首まわりの張りが気になる。

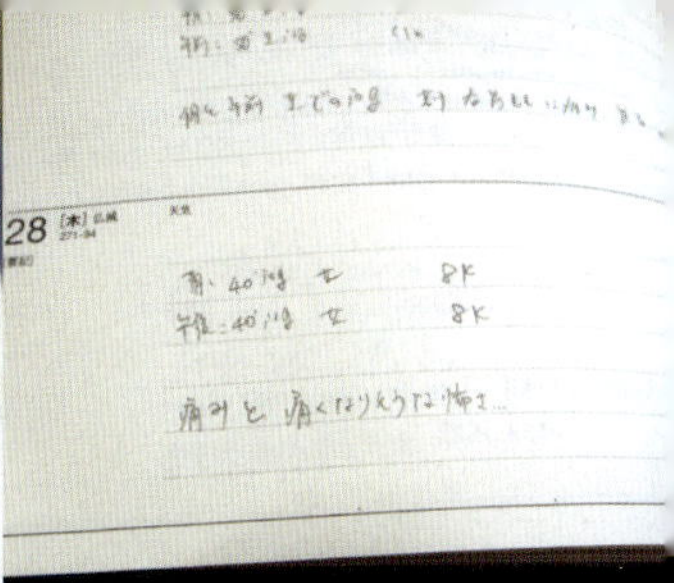
28
痛みと痛くなりそうな怖さ…

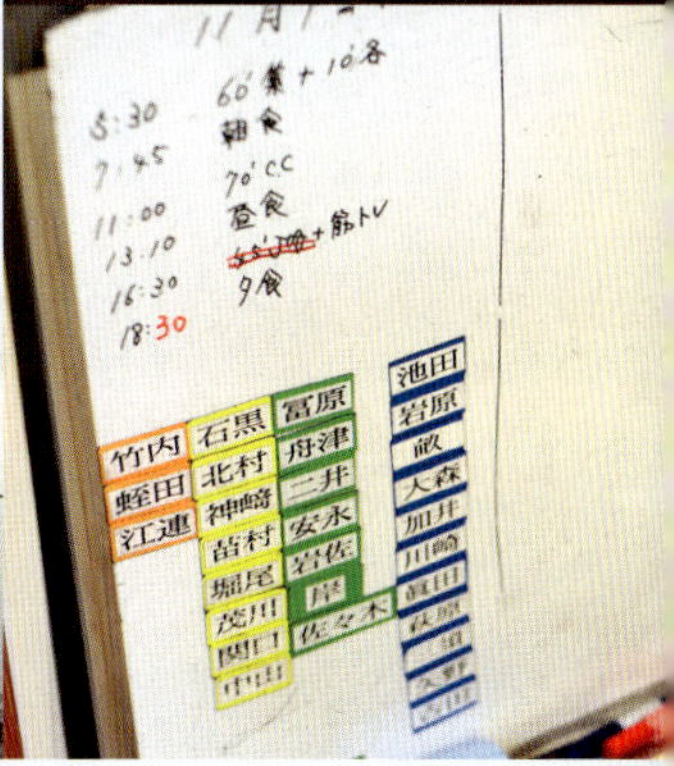
5:30
7:45 朝食
70'C.C
11:00 昼食
13:10 +筋トレ
16:30 夕食
18:30
竹内
蛭田
江連
石黒
北村
神崎
苗村
堀尾
関口
富原
舟津
二井
安永
岩佐
岸
佐々木
池田
岩原
大森

チームスタッフ

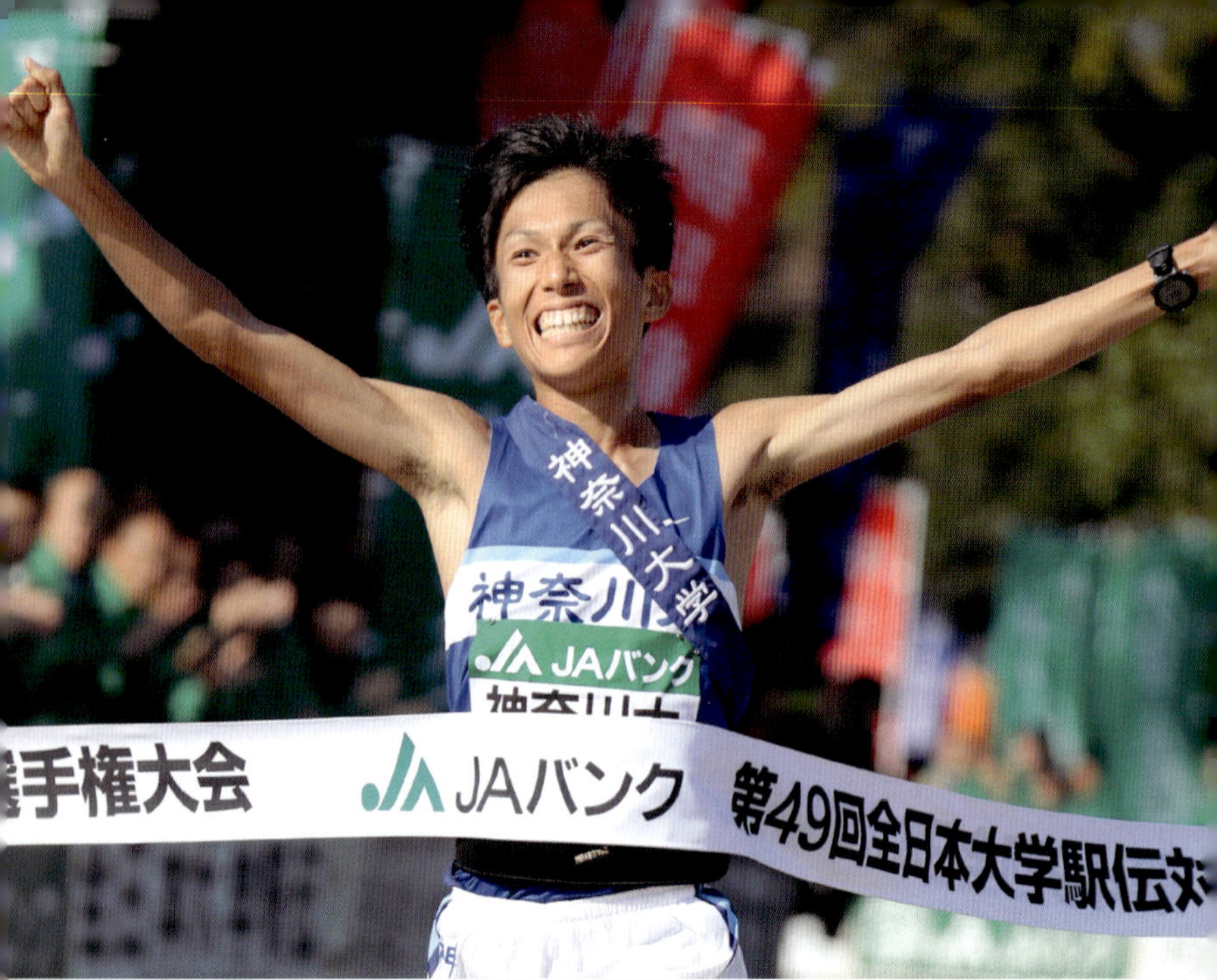
神奈川大学
神奈川
JAバンク
手権大会
JAバンク
第49回全日本大学駅伝

富士通
東海大
12－6
がんばろう！日本
富士通
FUJITSU
富士通

箱根駅伝ノート――目次

はじめに

正月の足音が近づいてくると、学生ランナーたちの胸の鼓動も高鳴っていく。1月2日、3日に「箱根駅伝」が開催されるからだ。

全国の有力ランナーたちが関東の大学に集まり、そして〝夢の舞台〟を目指す。厳しい予選会を突破して、正月のスタートラインに立てるのは20校。選手として箱根路を走ることができるのは各校10名のみ。選ばれた者たちが紡ぎだすストーリーは、見る者の心を揺さぶるほどの感動が詰まっている。

陸上競技はシンプルに速い者、強い者が〝勝者〟となる。結果については明白だが、これまでの「過程」については、ほとんど知られていない。

箱根駅伝を目指すランナーたちは、1月4日の朝練習から新たな1年がスタートする。一般的な学生生活を送りながら、朝練習と授業後の本練習で汗を流して、寮の仲間たちと栄養管理された食事をとる。それは退屈でストイックな毎日といえるかもしれない。

日々のトレーニングだけでなく、2月は各地のロードレース、3月は日本学生ハーフマラソン、4月は兵庫リレーカーニバルや織田記念などのトラックレース、5月は関東インカレ、6月は全日本大学駅伝予選会と日本選手権、7月はホクレン・ディスタンスチャレンジ、8月はユニバーシアード、9月は日本インカレ、10月は出雲駅伝と箱根駅伝予選会、11月は全日本大学駅伝。数々のレースに参戦しながら、実力を蓄えていく。

そんな日々は、世間の注目を集める217・1㎞のレース以上に多くのドラマチックな出来事が起きている。

オリンピックを本気で狙うランナー、仲間たちとの絆、穏やかなキャプテンがキレた日、走れないエースの苦悩、裏方にまわった元選手、準部員から急成長した苦労人、夢みるランナーに魔法をかける監督。

平凡だけど、キラキラに輝く毎日を送る学生ランナーたち。彼らが日々、綴《つづ》っている練習日誌などの「ノート」にはどんなことが書かれているのか。

箱根駅伝を目指す者たちの〝青春の日々〟を追いかけた。

酒井政人

箱根駅伝を目指すランナーたちの

年間スケジュール

［3月］
日本学生ハーフマラソン

［4月］
兵庫リレーカーニバル　織田記念

［5月］
関東インカレ

［6月］
全日本大学駅伝予選会　日本選手権

［7月］
ホクレン・ディスタンスチャレンジ

［8月］
夏合宿 ユニバーシアード（2年に1回）

［9月］
夏合宿　日本インカレ

［10月］
出雲駅伝　箱根駅伝予選会

［11月］
全日本大学駅伝　1万m記録挑戦競技会

［12月］
箱根駅伝チームエントリー（10日）

［1月］
箱根駅伝（2・3日）

4月

新入生が加わり、トラックシーズン開幕

新年度の幕開けはトラックレース。
関東インカレの標準記録などを狙って、
選手たちは記録会などでタイムを目指す。
ユニバーシアードイヤーの2017年は、
「日本代表」の座をかけた戦いもあった。

桜が咲き乱れる頃、大学の入学式も花盛り。夢と希望に満ち溢《あふ》れた若者たちが、新たなる〝スタートライン〟に立つ。それは箱根駅伝を目指すランナーたちも同じだ。しかし、少しだけ違うところがある。強豪大学では「スポーツ推薦」での入学が大多数を占めており、3月上旬にはチームに合流。入学式を迎える頃には、寮での新生活に慣れてきて、入学式にはすでに顔なじみとなった仲間と参加することになるのだ。

そして、チームは新入生の加入で、その雰囲気が変わってくる。特に強力ルーキーが加わった大学の〝変化〟は大きい。では、２０１７年度の新戦力はどうなのか⁉

『月刊陸上競技』では、毎年、有力校の新入生をリサーチ。各校上位５名の５０００ｍ平均タイムを算出して、「新人力ランキング」を作成しているので紹介したい。

新人力ランキング

①東洋大14分05秒09　②青山学院大14分06秒77　③駒澤大14分11秒59　④明治大14分11秒70　⑤東海大14分12秒49　⑥日本大14分21秒08　⑦中央大14分21秒62　⑧順天堂大14分23秒10　⑨帝京大14分23秒82　⑩東京国際大14分24秒07　⑪中央学院大14分26秒68　⑫神奈

川大14分27秒50　⑬早稲田大14分26秒37　⑭山梨学院大14分30秒82　⑮城西大14分30秒97　⑯日本体育大14分31秒47　⑰國學院大14分31秒90　⑱法政大14分34秒68　⑲創価大14分34秒69　⑳東京農業大14分35秒80　㉑専修大14分38秒93　㉒国士舘大14分39秒81　㉓大東文化大14分46秒72　㉔拓殖大14分49秒33　㉕上武大14分55秒48

箱根駅伝で3連覇を達成した青山学院大は17年もスカウティングに成功しており、同2位の東洋大も実績のある高校生を多数獲得した。その一方で、17年の箱根駅伝に出場した国士舘大、大東文化大、拓殖大、上武大などは有力新人が少なかった。

そして、桜が咲く頃から始まるのがトラックシーズンだ。チームとしては正月の箱根駅伝が最大の目標になるが、選手たちは一年中「箱根」のことを考えているわけではない。特に4月は5000mや1万mで「タイム」を狙うことになる。なぜなら、5月の関東インカレ、6月の全日本大学駅伝関東学連推薦校選考会、8月のユニバーシアードの〝参戦〟に大きく関わってくるからだ。

関東インカレはチームとして最初にターゲットとなる大会。各種目最大3名までエントリーできるが、そのためには参加標準記録Aを3名が突破しなければいけない（参加標準記録Bだけでは1名しか出場できない）。参加標準記録Aは男子1部の5000mが14分12秒00、同1万mが29分30秒00、男子2部の5000mが14分15秒00、同1万mが29分30秒00。このタイムを目指して、各大学の対抗戦（東京六大学陸上など）や記録会（日本体育大長距離競技会など）に参加していく。

全日本大学駅伝関東学連推薦校選考会は1万m上位8名の合計タイム順で20校しか出場できない。そのため参戦が微妙な大学は、4月に1万mのタイムを残すことに力を注ぐことになる。

ユニバーシアードの「日本代表」は、兵庫リレーカーニバル（4月23日）が1万mの、織田記念国際陸上（4月29日）が5000mの〝選考レース〟に指定されている。兵庫リレーカーニバルの1万mでは、箱根駅伝4区で区間賞を獲得した栃木渡（順天堂大4）が28分19秒89の自己ベストで学生トップ。同2位の塩尻和也（順天堂大3）、同3位の鈴木塁人（青山学院大2）までが参加標準記録（28分50秒00）を突破して、ユニバ代表に近づいた。一方、織田記念の5000mでは鬼塚翔太（東海大2）が13分52秒44でトップを飾るも、参加標準記録（13分43秒00）に届かなかった。

兵庫リレーカーニバル（4月23日）の結果

［グランプリ 10000m］

❶ディク・ジョナサン（日立物流）27:39.40 ❷ポール・タヌイ（九電工）27:45.85 ❸ニコラス・コシンベイ（トヨタ自動車）27:48.51 ❹上野裕一郎（DeNA）28:07.23 ❺市田孝（旭化成）28:14.14 ❻設楽悠太（Honda）28:15.40 ❼早川翼（トヨタ自動車）28:16.61 ❽栃木渡（順大4）28:19.89 ❾塩尻和也（順大3）28:38.36 ⓫鈴木塁人（青学大2）28:44.71 ⓭中島公平（城西大4）29:01.23 ⓰工藤有生（駒大4）29:07.57 ⓱上田健太（山梨学大4）29:10.29 ⓲高砂大地（中央学大2）29:11.57 ⓳山藤篤司（神奈川大3）29:23.08 ㉑下史典（駒大3）30:02.98

※トップ8と学生ランナーの結果を掲載

織田記念（4月29日）の結果

［グランプリ 5000m］

❶ポール・タヌイ（九電工）13:30.79 ❷鎧坂哲哉（旭化成）13:32.16 ❸松枝博輝（富士通）13:33.62 ❹チャールズ・ディランゴ（JFE）13:34.80 ❺ジョン・マイナ（富士通）13:36.20 ❻上野裕一郎（DeNA）13:36.52 ❼鬼塚翔太（東海大2）13:52.44 ❽市川孝徳（日立物流）13:53.81 ❾小野田勇次（青学大3）13:54.36 ⓫館澤亨次（東海大2）14:06.19 ⓭關颯人（東海大2）14:08.83 ⓮坂口裕之（明大3）14:09.47 ⓯森田佳祐（筑波大4）14:11.23 ⓰舟津彰馬（中大2）14:18.72 ⓳阪口竜平（東海大2）14:40.97

※トップ8と学生ランナーの結果を掲載

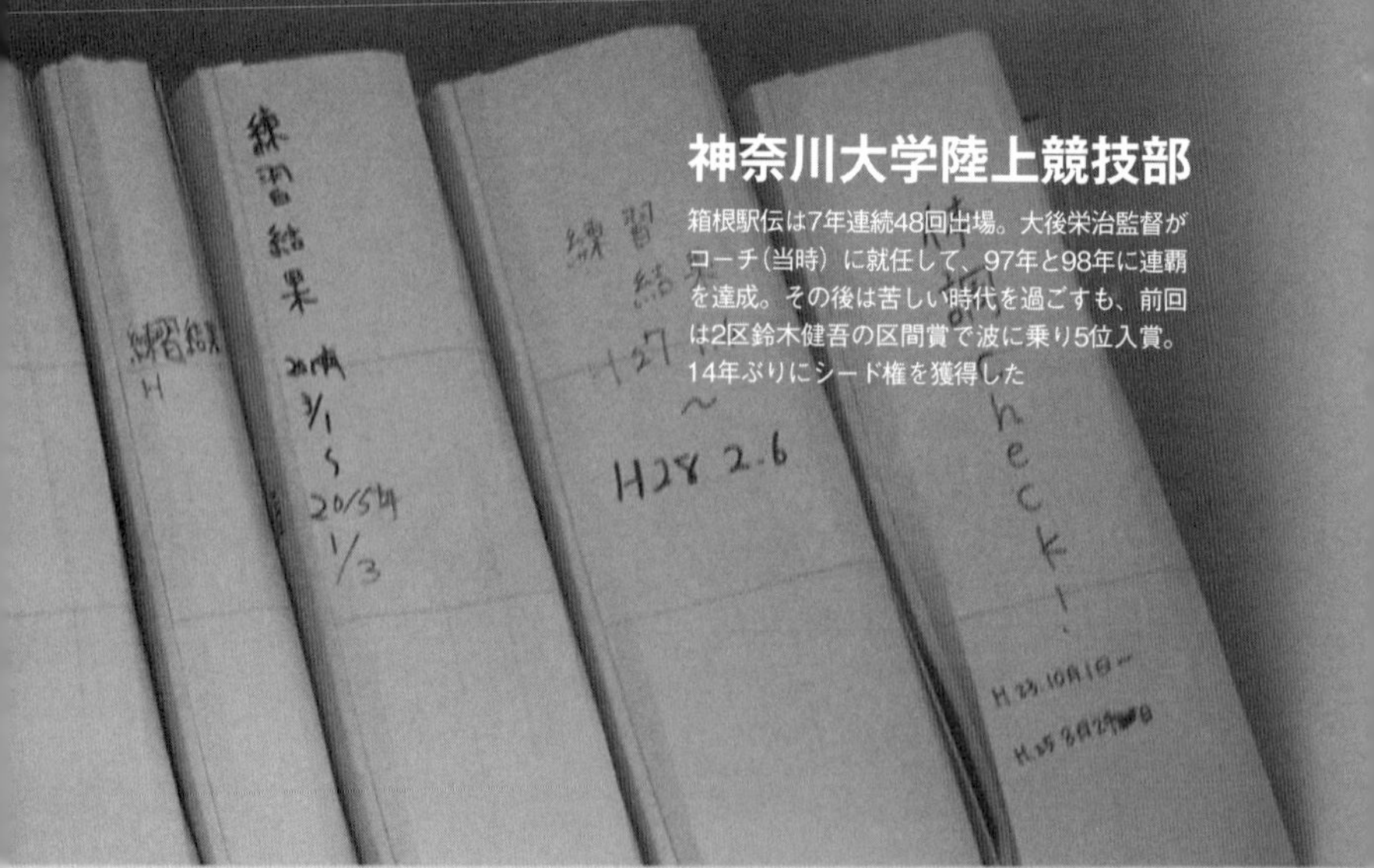

神奈川大学陸上競技部

箱根駅伝は7年連続48回出場。大後栄治監督がコーチ（当時）に就任して、97年と98年に連覇を達成。その後は苦しい時代を過ごすも、前回は2区鈴木健吾の区間賞で波に乗り5位入賞。14年ぶりにシード権を獲得した

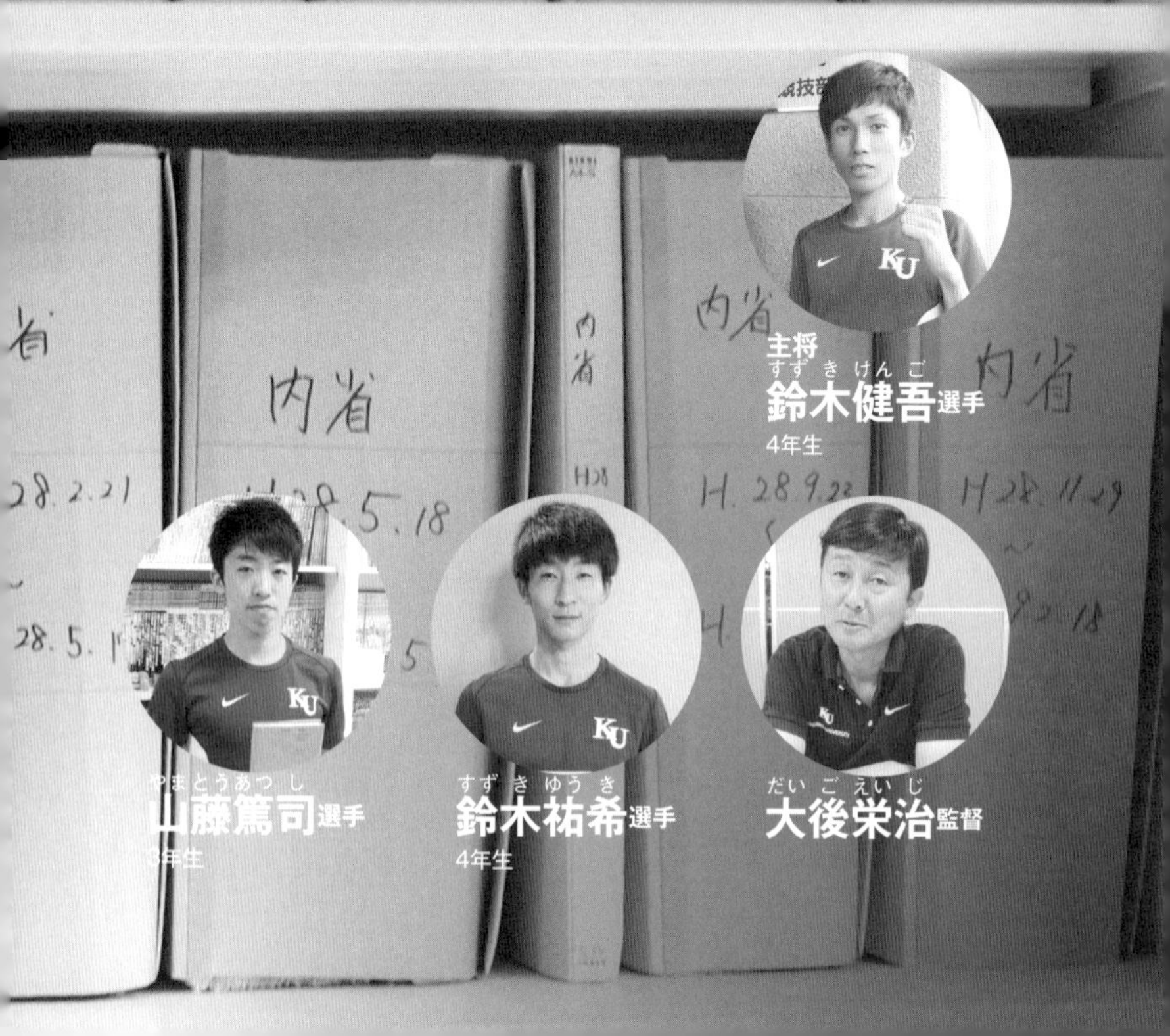

主将
鈴木健吾《すずきけんご》選手
4年生

山藤篤司《やまとうあつし》選手
3年生

鈴木祐希《すずきゆうき》選手
4年生

大後栄治《だいごえいじ》監督

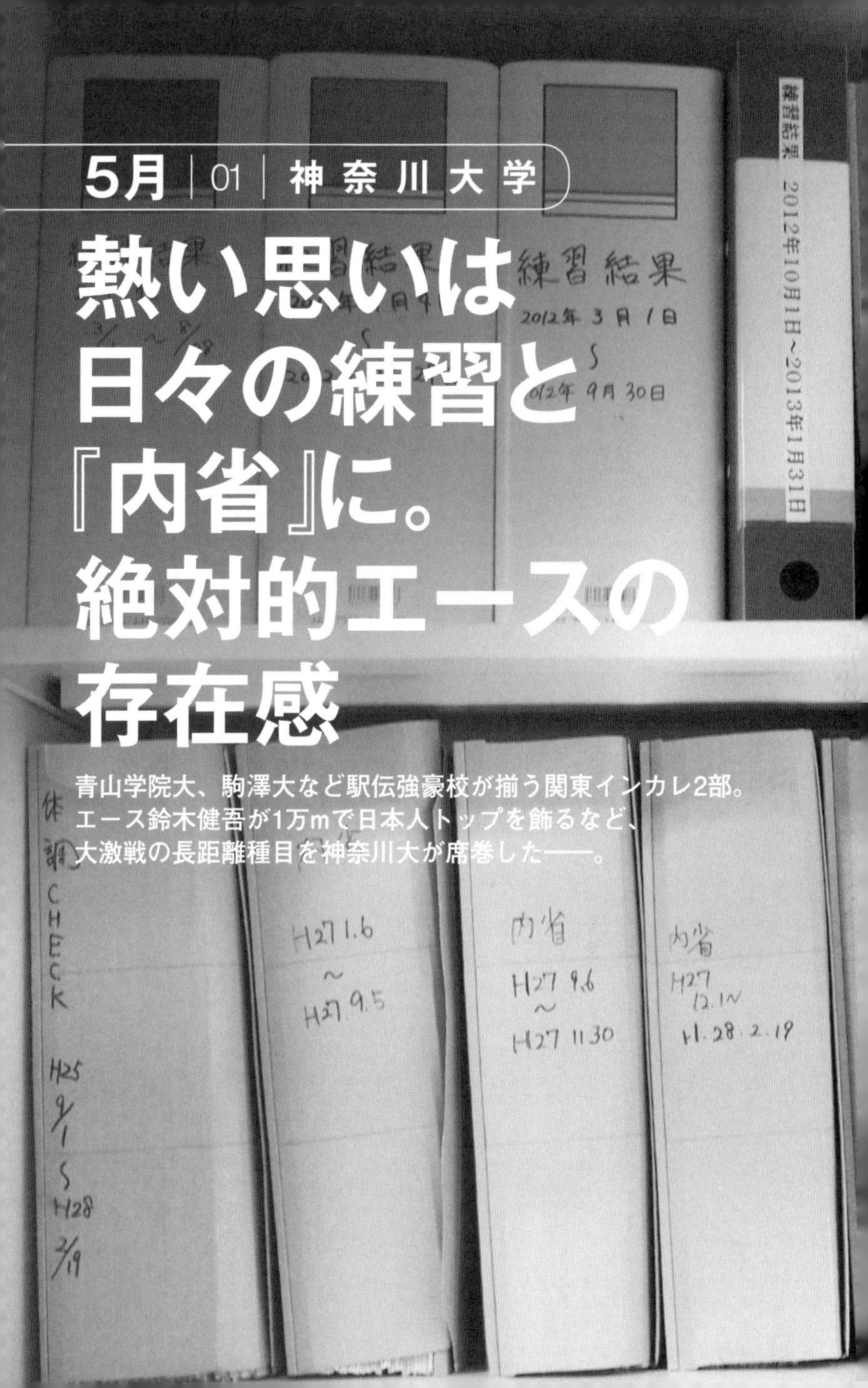

5月 | 01 | 神奈川大学

熱い思いは日々の練習と『内省』に。絶対的エースの存在感

青山学院大、駒澤大など駅伝強豪校が揃う関東インカレ2部。エース鈴木健吾が1万mで日本人トップを飾るなど、大激戦の長距離種目を神奈川大が席巻した――。

関東インカレは「初夏の総力戦」

春の日差しが強さを増していく。箱根駅伝を目指す者たちにとって、5月の関東インカレは「初夏の総力戦」だ。総合優勝を狙う大学、1部（16校）を死守したい大学、2部から1部昇格を目指す大学などは、陸上部一丸となって、チームの「目標」を目指すことになる。

今年は5月25～28日に横浜・日産スタジアムで行われた。日本大が総合優勝して、東海大、順天堂大、筑波大、東洋大、法政大、早稲田大、国士舘大、明治大、中央大、山梨学院大、日本体育大、城西大、慶應大が1部に残留（国際武道大と東京学芸大が2部に転落）。2部からは流通経済大と大東文化大が1部昇格を決めた。

総合順位ではわかりにくいが、長距離ブロックの〝戦い〟も熱い。個人レースではあるものの、その年の駅伝シーズンを占う意味で「総合力」を推し量ることができるからだ。

種目を兼ねる選手もいるため、5000m、1万m、ハーフマラソンに出場できるのは各校6～7人ほど。駅伝では主力としての活躍が期待される選手たちになる。

そして2017年の関東インカレで最も躍進を遂げたのが神奈川大だ。その活躍は箱根駅伝王者・青山学院大をしのぐものだった。

エース鈴木健吾が1万mで貫禄の日本人トップ

正月の箱根駅伝で総合5位に入り、12年ぶりのシード権を獲得した神奈川大が関東インカレでも強さを発揮した。2部といえども駅伝強豪校が揃うなか、1万mで鈴木健吾（4年）が28分40秒61で日本人トップ（4位）に輝くと、山藤篤司（3年）が29分00秒30で7位に食い込む。留学生の参戦が多く、1万mの日本人入賞者はわずか4人だった。

1万mは留学生が高速レースに持ち込み、サイモン・カリウキ（日本薬科大3）、レダマ・キサイサ（桜美林大2）、タイタス・ワンブア（武蔵野学院大2）が5000mを13分49秒で通過する。「3人とは勝負できない」と判断した鈴木はレース序盤で目標を「日本人トップ」に切り替えた。鈴木、ワークナー・デレセ（拓殖大3）らの第2集団は

関東インカレの結果

[男子1部 1500m (5月25日)]

❶館澤亨次(東海大2)3:46.25 ❷河村一輝(明大2)3:47.14 ❸小林航央(筑波大3)3:47.43 ❹森田佳祐(筑波大4)3:48.26 ❺塩澤稀夕(東海大1)3:48.78 ❻堀龍彦(東洋大4)3:49.48 ❼木村理来(東海大2)3:49.56 ❽前田恋弥(明大3)3:49.73

[男子1部5000m (5月28日)]

❶パトリック・マゼンゲ・ワンブィ(日大3)13:43.97 ❷鬼塚翔太(東海大2)13:46.49 ❸坂東悠汰(法大3)13:47.26 ❹塩尻和也(順大3)13:47.58 ❺栃木渡(順大4)13:58.04 ❻關颯人(東海大2)14:00.65 ❼西川雄一朗(東海大2)14:09.52 ❽中島公平(城西大3)14:13.56

[男子1部 10000m (5月25日)]

❶パトリック・マゼンゲ・ワンブィ(日大3)28:21.65 ❷ドミニク・ニャイロ(山梨学大3)28:23.90 ❸塩尻和也(順大3)28:35.44 ❹坂口裕之(明大3)28:40.13 ❺坂東悠汰(法大3)28:44.87 ❻栃木渡(順大4)28:45.80 ❼山本修二(東洋大3)28:50.64 ❽松尾淳之介(東海大2)29:02.86

[男子1部 ハーフマラソン (5月28日)]

❶ドミニク・ニャイロ(山梨学大3)1:03:22 ❷山本修二(東洋大3)1:04:33 ❸城越勇星(日体大4)1:04:34 ❹金子元気(城西大3)1:04:46 ❺石田康幸(早大4)1:04:49 ❻安井雄一(早大4)1:04:49 ❼春日千速(東海大4)1:04:53 ❽相澤晃(東洋大2)1:04:57

[男子1部 3000m障害 (5月27日)]

❶青木涼真(法大2)8:52.77 ❷三上嵩斗(東海大3)8:55.58 ❸矢ノ倉弘(山梨学大4)8:58.93 ❹山口和也(日体大2)9:02.43 ❺東島清純(明大3)9:03.36 ❻小柳涼(東洋大4)9:04.35 ❼小室翼(東洋大2)9:05.20 ❽大木皓太(早大2)9:05.40

［男子2部 1500m（5月25日）］

❶井上弘也（上武大4）3:51.84 ❷渡辺拓巳（大東大4）3:52.71 ❸駒山魁都（日薬大4）3:52.74 ❹生方敦也（青学大2）3:53.38 ❺物江雄利（駒大3）3:53.78 ❻中村祐紀（青学大4）3:53.86 ❼越川堅太（神奈川大2）3:53.88 ❽吉里駿（駿河台大1）3:54.00

［男子2部 5000m（5月28日）］

❶ムソニ・ムイル（創価大2）13:43.20 ❷タイタス・ワンブア（武蔵野学大2）13:52.32 ❸モグス・タイタス（東国大）13:59.27 ❹ワークナー・デレセ（拓大3）14:02.21 ❺鈴木祐希（神奈川大4）14:09.24 ❻鈴木塁人（青学大2）14:09.45 ❼小山直城（東農大3）14:10.57 ❽工藤有生（駒大4）14:12.26

［男子2部 10000m（5月25日）］

❶サイモン・カリウキ（日薬大3）28:00.66＝NGR ❷レダマ・キサイサ（桜美林大2）28:21.61 ❸タイタス・ワンブア（武蔵野学大2）28:28.91 ❹鈴木健吾（神奈川大4）28:40.61 ❺ワークナー・デレセ（拓大3）28:45.07 ❻橋詰大慧（青学大3）28:56.06 ❼山藤篤司（神奈川大3）29:00.30 ❽浦野雄平（國學院大2）29:08.68

［男子2部 ハーフマラソン（5月28日）］

❶サイモン・カリウキ（日薬大3）1:02:38＝NGR ❷下田裕太（青学大4）1:04:14 ❸細谷恭平（中央学大4）1:04:29 ❹畔上和弥（帝京大3）1:04:53 ❺大塚倭（神奈川大4）1:04:54 ❻市山翼（中央学大3）1:05:28 ❼大森澪（中央学大4）1:05:40 ❽片西景（駒大3）1:06:04

［男子2部 3000m障害（5月27日）］

❶荻野太成（神奈川大2）8:51.16 ❷田村丈哉（帝京大2）9:02.60 ❸高橋翔也（中央学大1）9:02.87 ❹上土井雅大（亜大2）9:05.21 ❺鈴木正樹（東国大2）9:06.89 ❻米井翔也（亜大3）9:07.37 ❼藤崎真伍（流経大3）9:09.20 ❽古川舜（亜大3）9:10.73

5000mの通過が14分16秒。鈴木が8000mから揺さぶりをかけると、他の日本人選手を引き離して4位でフィニッシュした。

鈴木は日本陸連のマラソン合宿に参加して、初めて40㎞走を行うなど、17年は精力的に走り込んできた。その疲労で調子を落としていたものの、「少しずつ上がってきて、今は6割くらいの状態です。表彰台には届きませんでしたが、日本人トップというところは達成できて良かったです」と笑顔を見せた。

ここまでは関東インカレ時に取材した内容だ。後日、神奈川大を訪れ、改めて鈴木に話を聞いた。まずは本書のテーマである「ノート」について。神奈川大は各自で『練習日誌』をつけているが、大半の選手は、実際に行ったメニューを記す程度で、その感想や当時の思いなどを書き込むことはほとんどないという。鈴木も「練習日誌では過去の練習の流れを見返して、試合に向けての参考にしています」と話す。

そのかわり、チーム内では『内省《ないせい》』と『試合結果報告書』の提出が義務付けられている。『内省』は聞きなれない言葉だが、簡単に説明すると、練習が終わった後の〝ひとこと感想〟のこと。選手たちが書き込み、それを監督、コーチなどがチェックして、何かあればすぐにアドバイスするようにしているという。箱根駅伝（往路）を翌日に控えた1月

過去の『練習結果』『内省』などはファイルにまとめて、寮のロビーに保管。いつでも見返すことができる。

1日の『内省』に、鈴木は「しっかり刺激を入れられた。攻めていく。いい流れをつくる」と書き込んでおり、〝好調〟だった様子が伝わってくる。

鈴木は正月の箱根駅伝でエース区間の2区23・1kmを区間歴代8位（日本人歴代5位）の1時間7分17秒で走破。1月7日に提出した「試合結果報告書」（一部抜粋）には、こう記している。

山藤が良い位置で渡してくれたので前半は集団の流れで走りました。途中、ペースが落ち着いたので、9kmくらいから前に出たが、最後まで行き切る自信はありませんでした。権太坂の上りで周囲を見たら、あまり動きが良くなかったので、15km過ぎてからペースを上げてラストまで行きました。トップで渡せたことと、後半をしっかり走れたことは良かったと思う。1年時、2年時はチームに貢献できなかったので、少しはチームの力になれたことは良かったが、今回は途中まで集団だったので、自分の力で出したタイムとはいえない。来年1時間6分台で走るには、前半をひとりでも押せるようにしないといけない。来年は1時間6分46秒切りとチームの総合優勝を目指す。

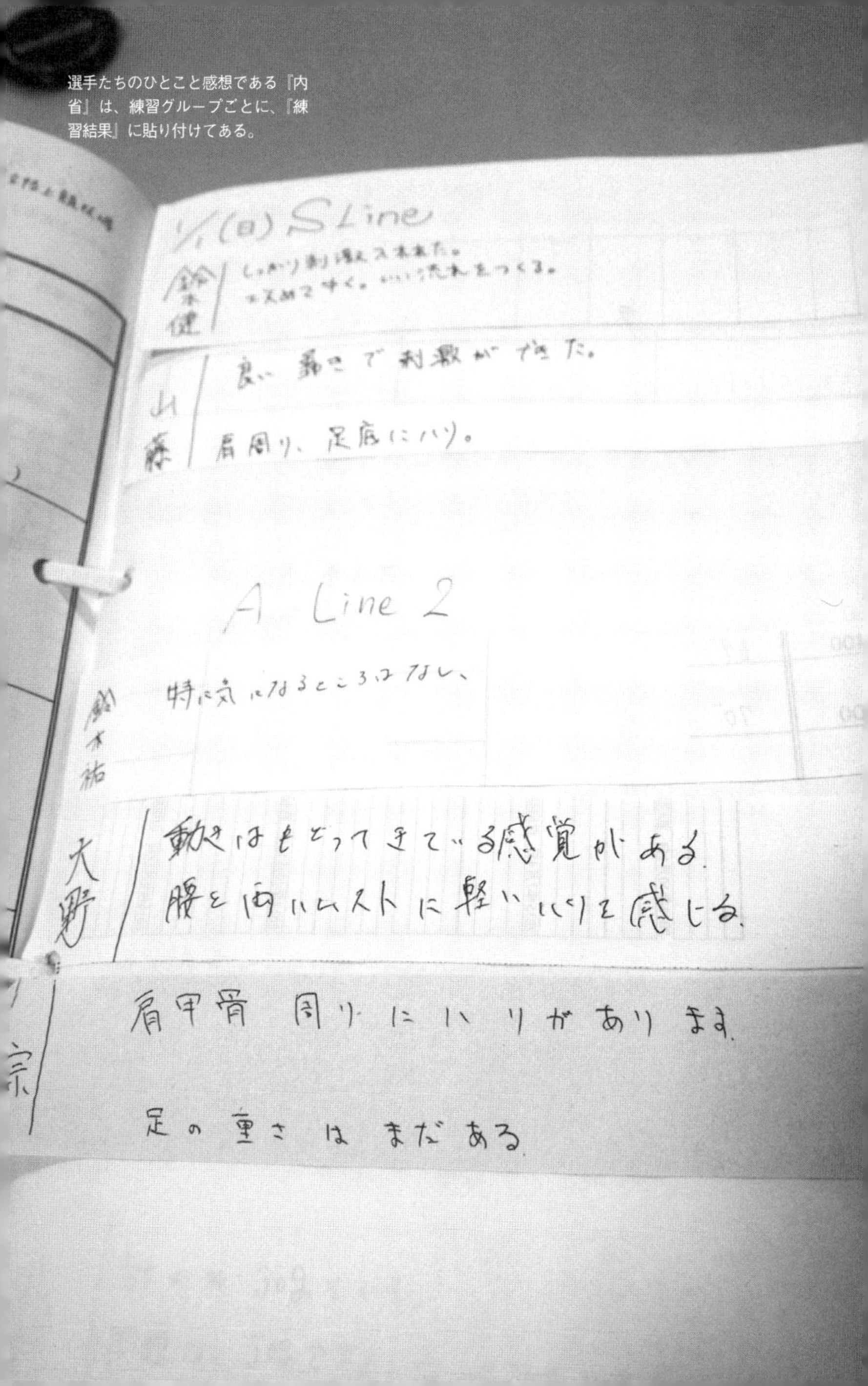
S Line
肩周り、足底にハリ。
A Line 2
特に気になるところはなし。
動きはもどってきてる感覚がある。
腰と両ハムストに軽いハリを感じる。
肩甲骨周りにハリがあります。
足の重さはまだある。

選手たちのひとこと感想である『内省』は、練習グループごとに、『練習結果』に貼り付けてある。

鈴木は神奈川大の主将＆エースとして、次回の箱根駅伝の2区で過去4人しか突入していない1時間6分台、それから1時間6分46秒の日本人最高記録（順天堂大・三代直樹）を意識しているが、17年シーズンは箱根以上に大きなターゲットをふたつ抱えている。ひとつは8月に行われるユニバーシアードのハーフマラソンで金メダルを奪うこと、もうひとつは18年2月の東京マラソンに挑戦することだ。

17年3月の学生ハーフでも独走しており、鈴木はロードの強さでは「学生ナンバー1」ともいえる存在になった。3月22日からはニュージーランド・ネルソンで行われた約3週間の男子マラソン合宿に学生として唯一参加した。ほかは神野大地（コニカミノルタ）と木滑良（MHPS）という少数精鋭での合宿だ。

「4月のトラックレースに支障が出るかもしれませんが、それを覚悟して、長い目で見て、マラソン練習をやろうと、しっかり距離を踏む意識で参加させていただきました。脚の状態が良くなかったこともあり、前半はスロースタートで入りました。ジョグがメインで、ポイント練習はすごくきついものではなくて、本当にじっくり走り込みましたね。40㎞走もやりましたし、後半は1週間で300㎞を超える距離を走ったんです。日本人夫婦が経営しているペンションはご飯も美味しかったので、走って、食べて、寝ての繰り返しでした」

宿泊したペンションの近くには陸上競技場、芝生の多目的広場、廃線を活用したロードコースなどがあり、自然豊かな場所で朝、午前、午後の3部の練習で走りこんだ。

帰国後、鈴木が最初に出場したレースが5月6日のゴールデンゲームズinのべおかの1万mだった。結果は29分30秒47の11着。平凡な結果に終わったものの、カラダの反応は予想通りだったという。

「きつかったというか、長い距離をじっくりやっていたので、トラックのスピード練習をあまり積めていませんでした。そのため、あまり良くなかったというかたちです」

その後は、徐々にスピード練習を入れていき、関東インカレに合わせていった。そして、狙い通りの日本人トップ。4位という結果を鈴木はこうジャッジする。

「留学生ともしっかり戦わないといけなかったんですけど、力の差がどうしてもある。僕は27分台のタイムを持っていないので、あの選手たちと戦える力はありませんでした。悔しがってもあまり意味はないので、あの時点では自分の力を出せたかなと思います」

レース終盤、日本人トップ争いをするなかで、鈴木が最も気にしていた選手がいる。それがチームメイトの山藤篤司（3年）だ。第2集団には各校の日本人エースたちが揃っており、そのなかに山藤の姿もあった。

「後ろをチラッと見たときに、山藤がいたので、負けられないと思いましたね。ラストのスプリントでは敵わないので、早めに引き離すことを考えました」と鈴木。ふたりは一緒にポイント練習を行うことが多く、鈴木は山藤のキック力を知っていたからこそ、ロングスパートを仕掛けたのだ。

一方の山藤は、「健吾さんとの力の差を改めて実感しましたね。まだまだだなと。健吾さんがここで来るだろうな、というのはわかっていたんですけど、そこでつけなかったのは力の差です」と話す。

1万mの自己ベストは鈴木が28分30秒16で、山藤が28分29秒43。鈴木が16年7月に樹立した神大記録を、山藤が同年12月の八王子ロングディスタンスで塗り替えている。

「八王子ロングディスタンスは練習もできていたので、監督からは『神大記録が狙えるレベルにあるぞ』と言われていましたが、僕自身はどんなタイムが出るのかわからなかったので、走ってみて、出せて素直にうれしかったです。健吾さんが保持していた記録を僕が更新するかたちになりましたが、一緒に練習をやっていても、勝てている感じはなかったので、まだまだ自分が負けているな、という思いは変わりません。でも、神大記録を出せ

大激戦の関東インカレ2部1万mはエース鈴木健吾（左）が日本人トップの4位、山藤篤司も7位に入った。

て、より一層、シード権を獲らないといけないという覚悟も出てきました」

そして箱根駅伝でも1区に起用された山藤の活躍がスパイスになった。大後栄治監督から、「青山学院大、駒澤大、順天堂大をマークするように」と指示を受ける。ターゲットがはっきりしていたため、走りに迷いがなかった。東洋大・服部弾馬の揺さぶりに反応することなく、山藤は冷静にレースを進めた。そして、トップ東洋大と5秒差。青山学院大とは1秒差という絶好の位置でエースにつなげた。

「スローペースだったので、そこは自分にとっても良かったのかなと思います。2区で健吾さんにいい走りをしてもらうための基盤を整えられた。今度はもっと上を目指すためにやっていかないといけないと思っています」

神ってない鈴木が5000mで神スパート

関東インカレ初日の1万mで鈴木健吾と山藤が活躍した神奈川大。その勢いは止まらなかった。同じく初日の1500mで越川堅太（2年）が7位に入り、同3日目の3000m障害を荻野太成（2年）が連覇。同4日目の朝に行われたハーフマラソンで大塚倭（4年）が5位に食い込むと、長距離の最終種目となる5000mでは、直前練習が良くなく、大後栄治監督から「当たって砕けろ」と言われていた鈴木祐希（4年）が爆走を見せる。

「〝神ってる鈴木〟と〝神ってない鈴木〟と言われてしまうので、自分も健吾に負けないようにがんばりたいと思っていました。すべての長距離種目で入賞するなど、いい流れで来ていたので、出場する3人のなかで誰かは入賞しなきゃなという話はしていました。でも留学生が5人もエントリーしていたので（欠場者がいたので出場は4人）、日本人3番以内に入らないと入賞はない。入賞を目指して、8位前後でレースをしていました」

留学生の参入もあり、この種目での〝入賞〟は1万m同様に難しいものがあった。日本人ランナーは4人の留学生についていくことができず、第2集団が〝日本人トップ争い〟と〝入賞争い〟の舞台になった。

日本人では4番目を走っていた鈴木祐希は、「このままでは9番（実際は8番目）だと思って、ラストスパートしました」と残り300mからペースアップする。まずは工藤有生（駒澤大4）と浦野雄平（國學院大2）を抜き去ると、残り5mで鈴木塁人（青山学院大2）を大逆転。14分09秒24で5位に入り、1万mの鈴木健吾に続いて、日本人トップに輝いた。

「スパートには結構自信があったので、そんなに速くない展開で、ラスト勝負を迎えられたらいいなと考えていました。（青山学院大の）緑のユニホームは意識していましたね。抜いてやろう、と思いました。正直、日本人トップをとれたのはラッキーでした。入賞したいとは思っていたんですけど、そこまでいけるとは思っていなかったので。でも箱根で活躍した選手たちに勝てたことは今後の自信になります」

鈴木祐希は自身の快走に驚いており、大後監督も少し意外だったようだ。

「日本人トップは難しくても、いいところにはいくのかなと思っていました。でも、鈴木はああいう走りができるんですよ。17年の箱根駅伝（6区）でも函嶺洞門《かんれいどうもん》（17㎞付近）では区間10位タイ。残り4㎞弱で挽回しました。普通なら、焦っちゃうと思うんですけど、自分自身のエネルギーをどう使うのか。計算できるというか、そういう芸当ができるので凄いです」

鈴木祐希は2年連続で6区を担ってきたが、山下りの選手としては異色のタイプだ。

「下りは得意じゃないので、最初の上りと最後の平坦で稼ごうと思っていました」と変則的な〝攻撃スタイル〟で17年は区間4位と好走している。そして、関東インカレの活躍で、その知名度を大きく上げた。

「健吾と山藤のふたりが強いので、自分もしっかりついていかないといけない。健吾は口で言うタイプじゃないですし、ほかの4年生もあまり言葉で伝えるのが得意ではなく、僕は自分のことしか考えていません（笑）。でも、健吾は何も言わなくても、結果を出しているし、練習に対する姿勢も素晴らしいので、勝手にみんなもついていくと思います」

鈴木祐希と山藤はともに愛知高校の出身。1学年先輩にあたる鈴木祐希は、山藤のことを、「やんちゃで元気がいい。やっていない選手には厳しく言うタイプです」と表現する。山藤が神奈川大に来ることが決まったときには、「僕の出番が減るかもしれない。他の大学に行けばいいのにな、と思っていました（笑）」と言うが、「山藤がいなければチームの戦力もかなり違いますし、いまは神奈川大に来てくれてよかったと思います。チームメイトとして本当に頼もしいです」と高く評価している。

山藤からみるとふたりの先輩はどう映っているのか。

「健吾さんは口数こそ少ないですけど、背中で引っ張ってくれる存在です。祐希さんは本当に明るくて、練習以外でもチームを盛り上げてくれる存在ですね。その一方で、自分たち3年生は力がない学年です。1学年下に元気のある後輩たちがいるので、上級生の自覚を持って4年生と一緒にチームを盛り立てていきたいなと思っています」

関東インカレ2部で1500mを含めた長距離全種目すべてで入賞を果たしたのは神奈川大のみ。目覚ましい活躍を見せたものの、キャプテンの鈴木健吾に浮かれた様子はまったくない。

「関東インカレはあまり重きを置いていないんですけど、結果を残せたということは、チームにとってプラスだと思います。青山学院大よりも良かったかもしれませんが、駅伝はまた違うのであまり一喜一憂はしていません」

エース鈴木健吾の〝メダル獲得プロジェクト〟

鈴木健吾は箱根駅伝を挟んで2つの〝ビッグレース〟に挑む計画を進めている。ひとつは8月のユニバーシアード、もうひとつは18年2月の東京マラソンだ。

「ハーフマラソンに出場するユニバでは金メダルを目指しています。夏になってしまうと、ガッツリした走り込みはできないので、6月の全日本予選会が終わってからしっかり走り込みをして、ユニバに臨みたいと思っています。今までは回数で距離を稼いできたん

KU
KU

ですけど、これからはマラソンを意識して1回の走る距離を伸ばしていきたいですね。夏合宿では40㎞走もやる予定です。16年は35㎞までしかやっていませんが、17年は東京マラソンまでに40㎞走を何本かやっていきたいです」

目先の目標としてユニバーシアードがあるものの、鈴木健吾は2020年の東京五輪に向けて、動きだしている。大後監督も鈴木健吾の東京五輪に向けた〝メダル・プロジェクト〟を強く意識。大学生のうちからマラソンの基礎を固めていくつもりだ。

「実業団選手と違い、大学生の場合は授業もあるので、本格的なマラソン練習はなかなかできません。そこで6月の全日本予選会が終わってからは、週末（金〜月）を使って、長野・菅平の方でミニ合宿を2週続けて行うことを考えています。ユニバと東京マラソンに向けての走り込みですね。ユニバの前にも40㎞走を1本やろうかなと思っています。ユニバ後はマラソントレーニングを本格的にやる前の土台作りとして、40㎞走やロングジョッグを中心に取り組んでいきたいです」

マラソンの学生記録は現在・中央大の駅伝監督を務める藤原正和（中央大）が2003年に樹立した2時間8分12秒。藤原は夏にユニバーシアードのハーフマラソンで金メダルに輝いている。正月の箱根駅伝では2区で区間賞（1時間7分31秒）を獲得して、びわ湖毎日マラソンまで一気に突っ走った。鈴木健吾にとって、ひとつのモデルケースといえるだろう。箱根駅伝の2区で藤原のタイムを上回っている鈴木健吾は、マラソンでも好タイムが期待されるが、本人はどう思っているのか。

「マラソン練習はまだかたちになっていないので、何ともいえません。明確な目標は決めていませんが、後ろの方で走っていても評価されないですし、少なくともマラソングランドチャンピオン（MGC）レースの出場権は狙っていきたいと思っています」

東京五輪の最重要選考会となるMGCの出場権を東京マラソンで獲得するには、日本人3位までが2時間11分00秒以内、同6位までが2時間10分00秒以内でゴールしなければいけない。鈴木健吾はその〝ライン〟を視野に入れながら、初マラソンへの道を突き進む。

「東京五輪を考えると、純粋なスピード勝負ではなく、暑さとの戦いが加味されます。冬のレースでは敵わなくても、東京五輪は自国開催ですし、夏マラソンなら少しはチャンスがあるんじゃないかと思っています」

箱根駅伝を挟んで、ユニバーシアードと東京マラソンに挑戦する鈴木健吾は、2020年〝東京五輪の星〟として輝こうとしている。

絶対的エースの背中を追いかける3年生エース

箱根から世界へ飛び出そうとしている鈴木健吾の背中を追い続けてきたのが1学年下の山藤だ。箱根駅伝の後は日本選手権クロカンに出場予定だったが、その前にお尻の筋肉を痛めて、欠場。少し練習ができない時期があったものの、関東インカレでは1万mで7位と好走した。ポイント練習を一緒に行うことが多いだけに、鈴木健吾の〝強さ〟を肌で感じている。そして、山藤も〝健吾ルート〟を進むつもりだ。

「3年生の間はトラックとロードをしっかり走れるようにして、自分も4年生になったらマラソンに挑戦したいと考えています。そのためにも健吾さんの背中を見ながら、少しずつイメージしていきたいですね。ポイント練習以外のところで踏んでいる距離が違うので、健吾さんはスタミナがあります。身体ができている分、自分との差はありますが、自分も夏には35㎞走をやって、1年半後の東京マラソンに向けて、少しずつ準備していきたい。最終的にはマラソンで世界と勝負したいと思っています。カラダが小さいですし、スプリント力もあまりないので、トラックでは世界と戦えるとは思っていません。でも、マ

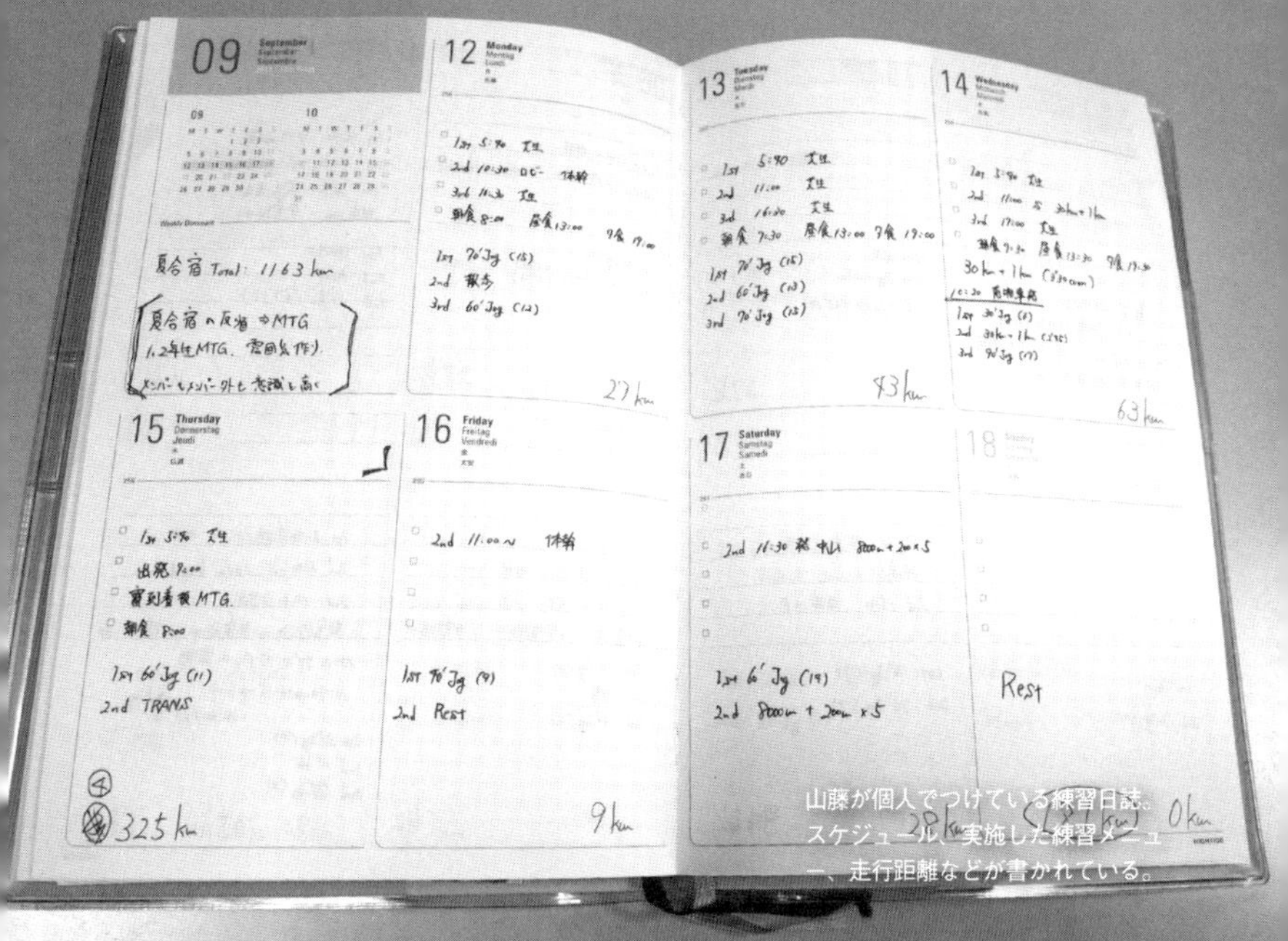

山藤が個人でつけている練習日誌。スケジュール、実施した練習メニュー、走行距離などが書かれている。

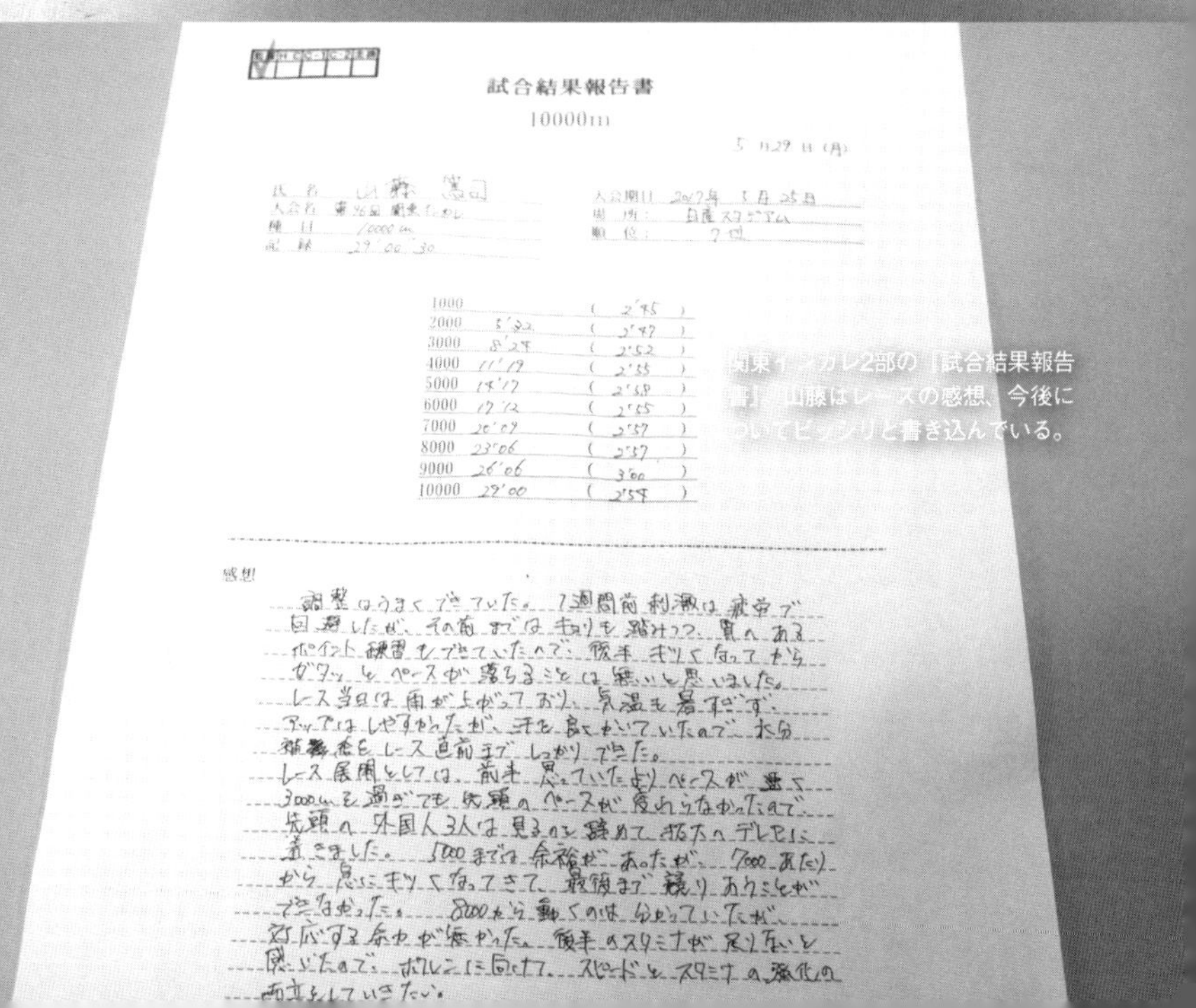

関東インカレ2部の「試合結果報告書」。山藤はレースの感想、今後についてビッシリと書き込んでいる。

ラソンだったらチャンスはある」

　マラソン挑戦をにらむ山藤だが、その前に絶対に乗り越えないといけない〝壁〟がある。それが6月の全日本大学駅伝予選会だ。神奈川大は16年の同大会を落選している。その原因となったのが、当時2年生の山藤だった。神奈川大は3組終了時で総合6位。予選通過できるのは9校で、安全圏にいたものの、最終4組に起用された山藤がまさかの途中棄権に終わったのだ。

　ラスト1000mくらいから「脚が前に出ない感覚」が出てきたという山藤は、ラスト1周を前にして転倒する。そこからの記憶はぼんやりとしたものだったという。倒れたあとは救急車で病院に搬送。点滴を打って、寮に戻ると、チームメイト全員が玄関で山藤の到着を待っていた。

　現在の4年生からは「悔しいのは山藤だけじゃないし、予選会を突破できなかったのはお前のせいじゃない」と声をかけられた。誰も積極的なレースを見せた山藤を責めることはなかった。レース後は、心身のダメージで1週間くらいは本格的な練習ができなかったというが、大後監督は「とにかく気にするな」と山藤を励ましたという。

「長い競技人生いろんなことがあります。どちらかというと、当時のチームには積極性が足らなかったので、山藤のチャレンジはチームにとって大きかったと思います」

チームにとって、致命的なミスを犯した山藤だったが、その後も積極果敢な走りを貫いた。1万mで神大記録、箱根駅伝1区で好スタート、関東インカレ1万mで入賞（7位）。神奈川大が大躍進する原動力になっている。

「あのときは無難に走るのではなくて、留学生にしっかりついていって、攻めの走りをしました。いけるところまでいったのはいい経験になったと思います。倒れてしまって悔しい思いは強いですけど、チームの皆にいろいろ支えられました。終わったことは仕方ありません。全日本の予選会は『絶対通過』が目標なので、自分の責任を果たして、笑顔で皆のところに戻ります」

箱根駅伝の総合優勝を目指していくのもあり

今季の神奈川大は戦力が充実しており、学生駅伝では大きな注目を集めている。箱根駅伝では打倒・青山学院大の急先鋒ともいえるチームだろう。関東インカレの結果でもアオガクを上回ったが、キャプテンの鈴木健吾は、現在のチーム状況をこう見ている。

「16年度から自分がキャプテンをやらせていただいていることもあり、チームの雰囲気は大きく変わっていません。ただ、16年は箱根の『シード権』を目標にやってきて、17年はもっと上を目指していますね。その差はありますね。チームとしては『自ら強く求めよ』をスローガンにしています。自主性が一番なので、僕が何か言うことはありません。選手層の面ではまだこれからという部分もあるので、簡単ではありませんが、箱根駅伝の総合優勝を目指していくのもありなんじゃないかなと思います。本当にこれからですけど、チャンスがないわけではない」

鈴木健吾同様、大後監督もチームに対して、積極的なアクションはあえてしていない。

「監督から何か言われているようではダメで、そういう状況ではシードをとるのがやっとでしょう。本当に何かやりたいのであれば、自ら求めていかなければいけません。自分を変えたいと思うのであれば、自ら名乗りでて、その方法論を相談しに来なさい、と指導しています」

監督とエースから〝言葉のマジック〟はないが、〝熱い思い〟は日々の練習と、『内省』などの書き込みからチームに伝播しているようだ。

鈴木祐希は、「正直いうと、今まで以上にやるぞ、という感じはありません（笑）。で

大後栄治監督のもとで数々の栄光を
手にした神奈川大。箱根駅伝では20
年ぶりの優勝を目指すことになる。

も、個々の見ているところは上がっています。たとえば、今までだったら区間10位以内が目標だった選手が『区間賞を狙いたい』という気持ちになっています。一人ひとりがやるべきことをやって、それをお互いが刺激しあっているという状況です」と話し、山藤も、「優勝を狙えるチームになって少しの甘さも出してはいけないという雰囲気になっています。上を目指すためにも自分から求めていく貪欲なチームになってきたのかなと思っています」と昨季までとの違いを感じている。

17年は12年ぶりに10月の出雲駅伝があり、前年は逃した全日本大学駅伝の通過も有力視されている（6月の予選会はトップで通過した）。両駅伝でも大活躍が期待できそうだが、キャプテンの鈴木健吾は冷静にチームを分析している。

「出雲は実質、初めての出場です。距離が短いので、新戦力を使うかもしれないですし、自分も使ってもらえるのか、まだわかりません。全日本はスピードのある選手はいますし、マラソン出場を考えると長い距離の方がいいので、自分はアンカーになるんじゃないかなという感じはしています。いずれにせよ駅伝のメインは箱根なので、出雲と全日本はチームとして自信をつけられたらいいですね」

鈴木健吾は学生駅伝以外にもユニバーシアードと東京マラソンを控えているが、「駅伝チームに所属している以上は、大学の名前を背負って駅伝でしっかり活躍することが自分にとって一番大切な役割だと思うので、まずは箱根駅伝をまっとうしたい。そのなかでもマラソン練習に取り組み、自分のできることをやっていくだけだと思っています。チーム全員が箱根優勝を目標に掲げているので、箱根でも自分の走りをしたいです」と連覇を果たした1997、98年以来、20年ぶりとなる〝総合V〟に思いをはせた。今回の箱根駅伝でも「2区鈴木健吾」というカードは〝ジョーカー〟になるだろう。

その超強力カードを生かすためには、山藤と鈴木祐希の活躍も欠かせない。「いい思い出があったので、もう一度1区を走りたいなという気持ちはあります」と山藤が言えば、鈴木祐希は、「最後の箱根は平地で勝負したい。健吾がいるわけですから、個人的には僕も先頭を走りたいですね。3区を走れば、健吾がトップで来てくれると思うので、テレビにいっぱい映るし、気持ちいいんだろうなと思っています」と笑みを浮かべた。

山藤、鈴木健吾、鈴木祐希の3人がロケットスタートを見せるかもしれない――。神奈川大はそんな予感の漂う5月になった。

東海大学陸上競技部

箱根駅伝は4年連続44回出場。過去最高は2位（往路優勝1回）。11年に長野・佐久長聖高でカリスマ的な指導力を発揮した両角速駅伝監督が就任。前回は10位に終わったものの、2年生世代を軸に総合力を高めている。

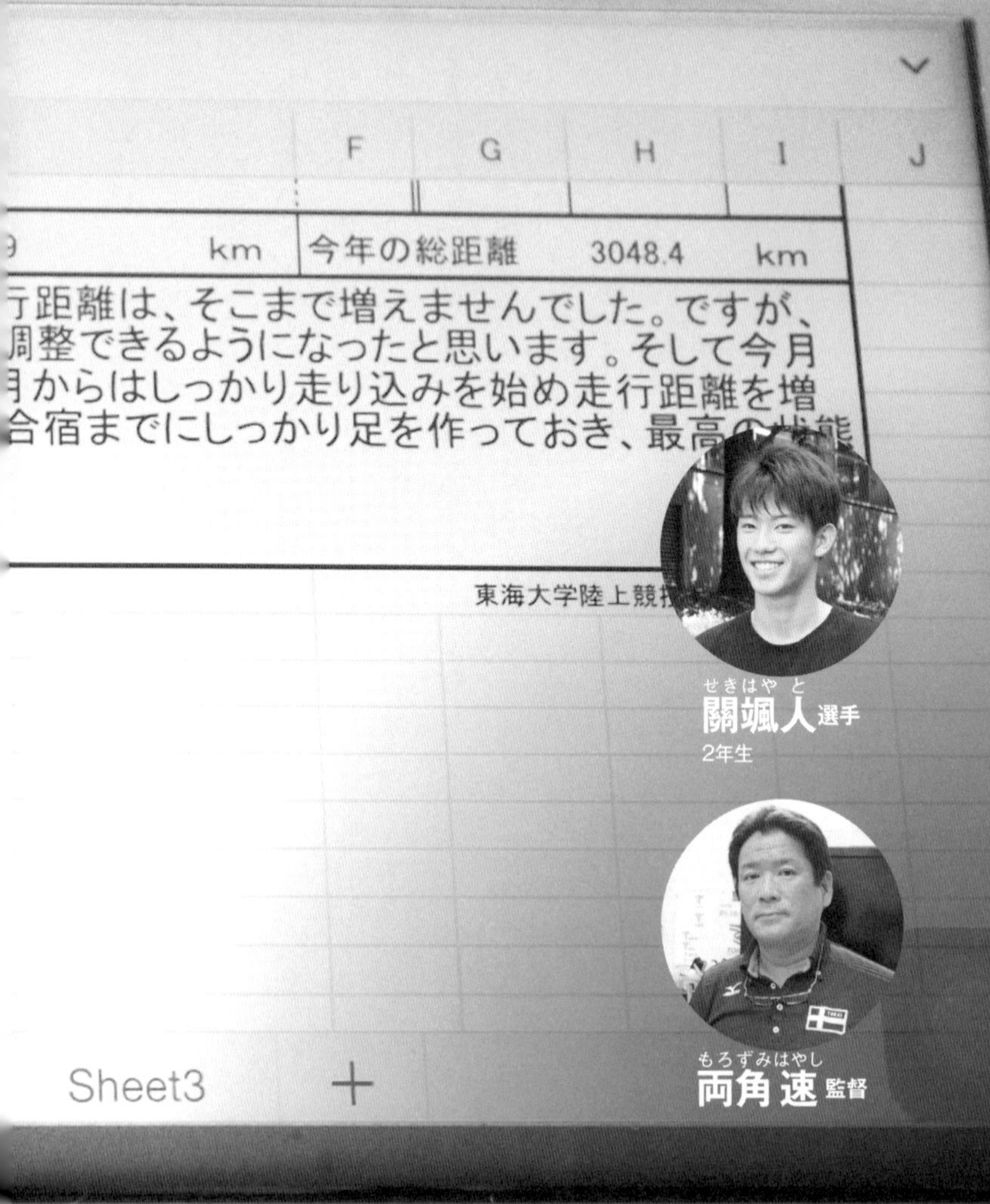
F G H I J
km
今年の総距離 3048.4 km
行距離は、そこまで増えませんでした。ですが、
調整できるようになったと思います。そして今月
からはしっかり走り込みを始め走行距離を増
合宿までにしっかり足を作っておき、最高の
東海大学陸上競
Sheet3
+

關《せき》颯《はや》人《と》選手
2年生

両角《もろずみ》速《はやし》監督

6月 | 02 | 東海大学

2年生トリオが誘う黄金時代の幕開け

全日本大学駅伝予選会と日本選手権が開催された6月。
両角速駅伝監督のもと「世界」を意識している東海大は、
過密日程のなか〝二兎〟を追いかけ、両大会で結果を残

鬼塚翔太《おにづかしょうた》選手
2年生

館澤亨次《たてさわりょうじ》選手
2年生

全日本予選と日本選手権の「戦い」

6月は学生ランナーにとって〝特別なレース〟がふたつある。全日本大学駅伝関東学連推薦校選考会（以下、全日本予選）と日本選手権だ。そして、両レースは異なる性質を持っている。

全日本予選は出場校にとって前半シーズンで最大の目標で、かつチーム戦となる。前回大会で6位までに入った大学（青山学院大、早稲田大、山梨学院大、駒澤大、中央学院大、東洋大）にはシード権があり、この6校を除く2017年の関東枠「9」が選考会で争われた。

エントリーした大学のうち1万m8人の合計タイム上位20校が出場。ひと組各校2名ずつが1万mレースに出走し、8人の合計タイムで争われる。通過ラインと次点の差を「ひとり換算」すると1秒を切るような大接戦も度々あり、例年混戦となる。6月中旬の総力戦は蒸し暑くなることがほとんどだが、17年（6月18日）は雨のなかで行われ、例年と比べて涼しかった。

総合結果は神奈川大がトップで、以下、東海大、國學院大、大東文化大、法政大、帝京大、明治大、順天堂大、城西大の順で通過した。通過確実と見られていた日本体育大が次点で落選。ボーダーラインに約12秒届かなかった。

実はこの選考会には〝もうひとつの戦い〟を含んでいる。箱根駅伝予選会に向けて、現時点での総合力を計っているのだ。箱根駅伝に出場できる大学は20校。そこから全日本の選考会を免除されている大学（17年は6校）を引いた順位が、箱根出場のボーダーライン。この時点では東京国際大が〝20番目〟で、拓殖大、日本大は〝圏外〟となる。

そして日本選手権もちょっと特殊なレースだ。こちらは完全なる個人戦。学生の大会ではないが、オリンピックや世界選手権など「世界」を目指すランナーたちにとっては、そのトライアルとなるため、ある意味、箱根駅伝よりも重要度が大きくなる。

全日本予選と日本選手権の日程は近く、両レースにピークを合わせることは難しい。そのため、どちらに比重を置くのか。過密スケジュールは悩ましい問題になっている。そのなか、両レースで結果を残したのが東海大だった。しかも、かなり大胆な戦略で。そこに

全日本大学駅伝関東地区予選会(6月18日)の結果

[**総合結果**]

❶神奈川大3:56:16 ❷東海大3:56:57 ❸國學院大3:57:43 ❹大東文化大3:57:49 ❺法政大3:58:10 ❻帝京大3:58:34 ❼明治大3:58:40 ❽順天堂大3:58:40 ❾城西大3:59:05 ❿日本体育大3:59:17 ⓫創価大3:59:18 ⓬中央大4:00:13 ⓭国士舘大4:00:25 ⓮東京国際大4:00:37 ⓯拓殖大4:00:55 ⓰日本大4:00:56 ⓱専修大4:01:32 ⓲筑波大4:02:10 ⓳上武大4:05:08 ⓴亜細亜大4:07:58

[**1組**]

❶小松陽平(東海大2)29:40.69 ❷越川堅太(神奈川大2)29:41.99 ❸山本翔馬(大東大4)29:43.85 ❹荻野太成(神奈川大2)29:45.63 ❺角出龍哉(明大3)29:46.79 ❻狩野琢巳(法大3)29:47.11 ❼郡司陽大(東海大2)29:48.88 ❽磯田和也(法大4)29:49.02

[**2組**]

❶花澤賢人(順大4)30:03.16 ❷川澄克弥(大東大2)30:14.44 ❸田中龍太(明大3)30:15.32 ❹島貫温太(帝京大2)30:16.74 ❺中島怜利(東海大2)30:18.20 ❻大石巧(城西大4)30:18.82 ❼湯澤舜(東海大3)30:19.03 ❽宗直輝(神奈川大4)30:19.30

[**3組**]

❶舟津彰馬(中大2)29:06.78 ❷新井康平(大東大3)29:12.04 ❸鈴木祐希(神奈川大4)29:15.98 ❹大塚倭(神奈川大4)29:16.41 ❺中山顕(中大3)29:16.49 ❻熊耳智貴(國學院大4)29:17.16 ❼三上嵩斗(東海大3)29:17.67 ❽西川雄一朗(東海大2)29:18.91

[**4組**]

❶パトリック・マゼンゲ・ワンブィ(日大3)28:27.25 ❷ムソニ・ムイル(創価大2)28:28.08 ❸坂口裕之(明大3)28:35.47 ❹塩尻和也(順大3)28:35.92 ❺鈴木健吾(神奈川大4)28:45.24 ❻坂東悠汰(法大3)28:48.73 ❼向晃平(國學院大4)28:49.36 ❽山藤篤司(神奈川大3)28:51.20

日本選手権の結果

[男子 1500m (6月24日)]

❶館澤亨次(東海大2)3:49.73 ❷遠藤日向(住友電工)3:50.46 ❸廣瀬大貴(大阪ガス)3:50.84 ❹牟田祐樹(日立物流)3:51.20 ❺楠康成(小森コーポレーション)3:51.32 ❻的野遼大(MHPS)3:51.45 ❼田母神一喜(中大)3:51.68 ❽中川智春(トーエネック)3:51.73

[男子 5000m (6月25日)]

❶松枝博輝(富士通)13:48.90 ❷大六野秀畝(旭化成)13:50.07 ❸中村匠吾(富士通)13:50.91 ❹上野裕一郎(DeNA)13:53.30 ❺市川孝徳(日立物流)13:53.55 ❻鎧坂哲哉(旭化成)13:53.87 ❼設楽悠太(Honda)13:54.71 ❽平和真(カネボウ)13:58.70

[男子 10000m (6月23日)]

❶大迫傑(NikeORPJT)28:35.47 ❷上野裕一郎(DeNA)28:37.34 ❸市田孝(旭化成)28:39.00 ❹佐藤悠基(日清食品グループ)28:45.16 ❺横手健(富士通)28:45.28 ❻大石港与(トヨタ自動車)28:46.25 ❼鎧坂哲哉(旭化成)28:47.96 ❽浅岡満憲(日立物流)28:49.96

[男子 3000m障害 (6月25日)]

❶潰滝大記(富士通)8:38.20 ❷松本葵(大塚製薬)8:41.22 ❸山口浩勢(愛三工業)8:42.46 ❹石橋安孝(SGHグループ)8:43.42 ❺三上嵩斗(東海大3)8:44.34 ❻小室翼(東洋大2)8:48.52 ❼宮城壱成(かねひでAC)8:48.87 ❽打越雄允(埼玉陸協)8:52.01

東海大が目指している〝姿勢〟がハッキリと出ていた。

全日本予選を走った鬼塚と走らなかった舘澤

東海大にとって6月はチームの〝総合力〟を見せつけたような月になった。全日本予選では主力選手の起用を見合わせながらも2位で通過。日本選手権は大学では最多となる6名もの長距離選手を出場させたからだ。サッカーの「ターンオーバー制」（重要度が低い試合では主力を外しながらも厚い選手層でカバーする）のような戦術といえるだろう。

全日本予選では日本選手権の1万mに出場する鬼塚翔太（2年）、今季は1500mを中心にやってきた舘澤亨次（2年）、それと教育実習中だった4年生（川端千都、春日千速ら）をメンバーから外した。そのなかでエースが集結する最終4組を任されたのが關颯人（2年）だった。

關は16年の全日本大学駅伝を急性胃腸炎で欠場。出雲駅伝の3区で区間賞を獲得したスーパールーキーの不在が響き、シード権を確保することができなかった。その責任を感じており、日本選手権の1500mに出場する予定があったものの、全日本予選にも出場

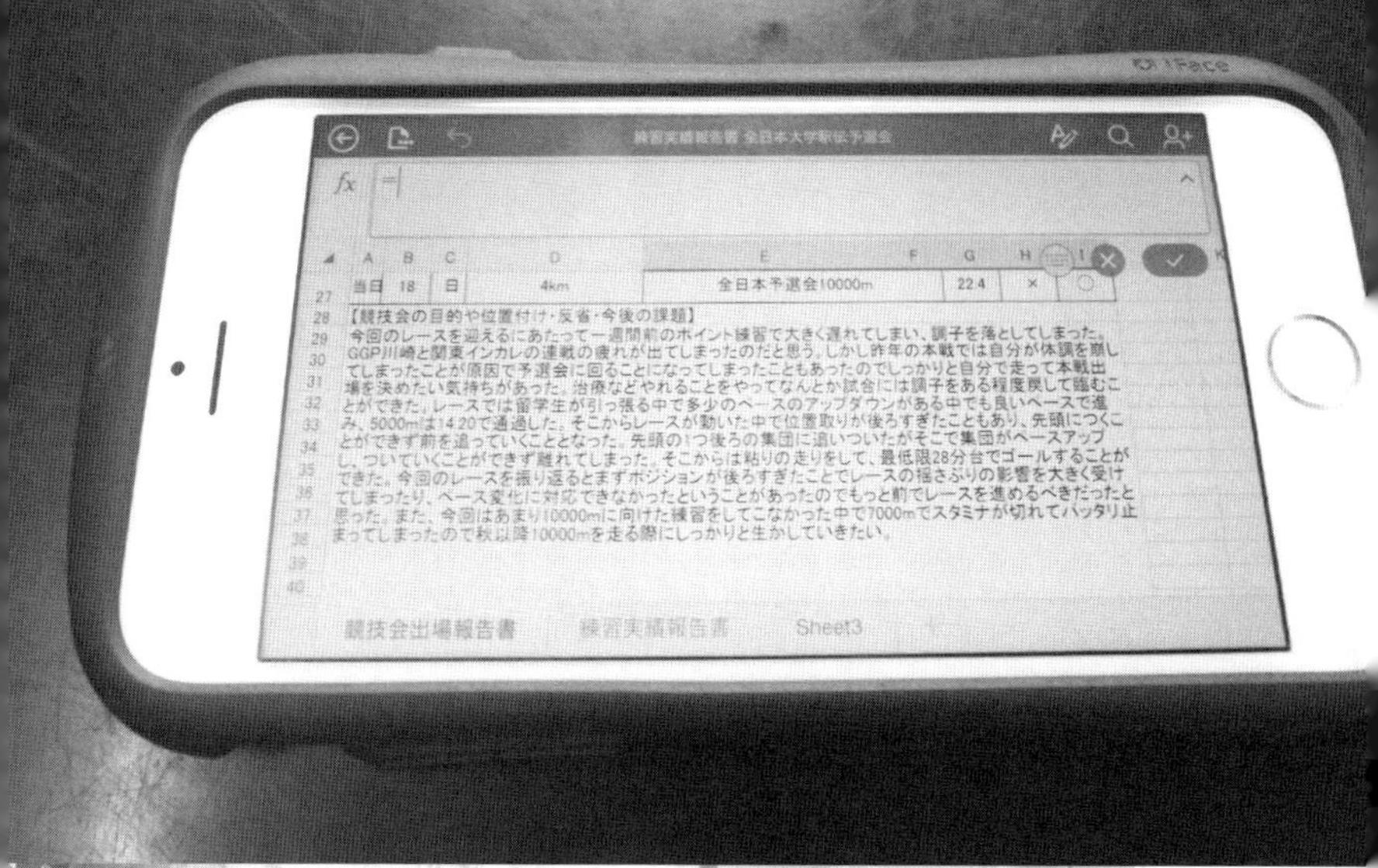

全日本予選会の『競技会出場報告書』。
關颯人はPCを使ってエクセルに打ち込み、スマホでも管理している。

した。

「日本選手権を優先する選手もいましたが、僕は中4日での1500mです。昨年（16年）は自分が体調を崩してチームに迷惑をかけたので、自分としても予選会をしっかり走りたいという気持ちがありました」

結果は最終4組で28分59秒30の11着。闞の実力を考えると物足りない結果かもしれないが、キッチリと自分の役割を果たした。

全日本予選の「競技出場報告書」（一部編集）に闞はこう記している。


今回のレースを迎えるにあたって、1週間前のポイント練習で大きく遅れてしまい、調子を落としてしまった。GGP川崎と関東インカレの連戦の疲れが出てしまったのだと思う。治療などやれることをやってなんとか試合には調子をある程度戻して臨むことができた。

レースは留学生が引っ張る中で多少のペースのアップダウンがあるなかでも良いペースで進み、5000mは14分20秒で通過した。そこからレースが動き、位置取りが後ろすぎたこともあり、先頭につくことができず前を追っていくことになった。先頭の1つ後ろの集団に追いついたがそこで集団がペースアップし、ついていくことができず離れてしまった。そこからは粘りの走りをして、最低限の28分台でゴールすることができた。

　今回のレースを振り返ると、ポジションが後ろすぎたことでレースの揺さぶりの影響を大きく受けてしまい、ペースの変化に対応できなかったということもあったので、もっと前でレースを進めるべきだったと思った。

　また、今回はあまり1万mに向けた練習をしてこなかったなかで、7000mでスタミナが切れてバッタリ止まってしまったので、秋以降1万mを走る際にしっかりと生かしていきたい。


「全日本予選は最低限の走りだったかなと思います。1週間前に調子を落としてしまって、ポイント練習もかなりボロボロだったんです。ちょっと厳しいかなと思った時期もあったんですけど、チームのために走りたい気持ちもあったので、どうにか1週間で調子を整えました。他大学のエースと比べて、まだまだ戦えていない部分もあるので、もっと改善していかないといけません」

　闘は自身の走りについては不満を漏らしたものの、チームが総合2位で予選会を通過したことについては、「トップ通過できれば一番良かったんですけど、主力を外したなかでも、こういう結果が出せたのはひと安心というか、いい流れで来ていると思います」と評価した。

では、全日本予選を回避した鬼塚と館澤はチームメイトの戦いをどう見ていたのだろうか。ふたりは大学の寮に残り、スマホでチームの戦いぶりをチェックしていたという。「1組目からしっかり走ってくれていて、すごく刺激になりました。選手層の厚さを見せつけられたのかなと思います」と鬼塚が言えば、館澤も、「さすがのチームメイトだなと思いましたね。Sチームにいる選手をほとんど出さない状態でも、2位で通過して東海大は強いんだな、と。油断していたら駅伝は走れない、そういう危機感をおぼえました」と話す。

東海大はレベルに応じてS、A、B、C、Dと5つのチームに分けられている。長距離は3つの寮があり、メインの寮にはSとAとBの一部が入るなど、実力主義を貫いている。主将は4年生の春日千速だが、チームを引っ張る存在になっているのが2年生だ。

關、鬼塚、館澤は同じ2年生。前季はスーパールーキートリオとして注目を集めた。出雲駅伝では1区鬼塚、2区館澤、3区關のオーダーで臨み、關が区間賞でトップを奪取。

東海大は5区の終盤まで先頭を駆け抜けて3位に入った。全日本は2区を予定していた關の欠場が響いて7位に終わったが、3区で館澤が区間賞を獲得。5区でも同学年の高田凜太郎が区間5位と好走した。

11月の上尾ハーフでは鬼塚がU20日本歴代2位の1時間2分03秒、松尾淳之介が同5位の1時間2分17秒をマーク。そして、17年正月の箱根駅伝では1区鬼塚、2区關、4区松尾、5区館澤、6区中島怜利と1年生（現在の2年生）が5人も登場した。

そして今年の全日本予選には6人（小松陽平、郡司陽大、中島、西川雄一朗、松尾、關）の2年生が出場している。館澤は「關と松尾は正直心配していなかった」と言い、個人の気持ちを1組に出場した郡司らに「頼んだぞ！」と伝えたという。その結果がトップ神奈川大と41秒差の2位。東海大は圧倒的な〝総合力〟を見せつけた。

館澤の1500mVに沸いた日本選手権

全日本予選の5日後から始まった日本選手権（6月23〜25日）は文字通り「日本一」を決める大会で、世界大会の最重要トライアルの場でもある。

同大会に出場するには厳しい参加条件があり、参加標準記録Aは、1500m3分47秒00、5000m13分41秒00（3000m7分55秒）、1万m28分20秒00、3000m障害8分50秒00となる。学生ランナーにとっては敷居の高いレースになるが、そのなかで東海大の長距離チームは6名もの選手が出場した。

初日の1500m予選には館澤、闞、阪口竜平（2年）、木村理来（2年）が出場。館澤と木村が予選を通過するなか、闞は予選1組で6着（3分46秒49）に終わり、決勝進出を逃した。

「正直、決勝には残りたかった。上位選手と自己ベストはそれほど変わらなかったので、もう少し上で戦いたかったという気持ちはありますね。1万mを走ってからの1500mということで、やはり準備ができていませんでした。最後の直線で全然カラダを動かせなくて、対乳酸トレーニングの短めのインターバルをもっとやっておけば良かったと思っています」

全日本予選を免除されるかたちになった鬼塚と館澤は明暗をわけることになった。鬼塚は日本選手権クロカンのシニア男子12㎞で優勝したことで、男子1万mの参加条件を満たして参戦。同種目は学生で唯一の出場となったが、見せ場をつくることができず、19位

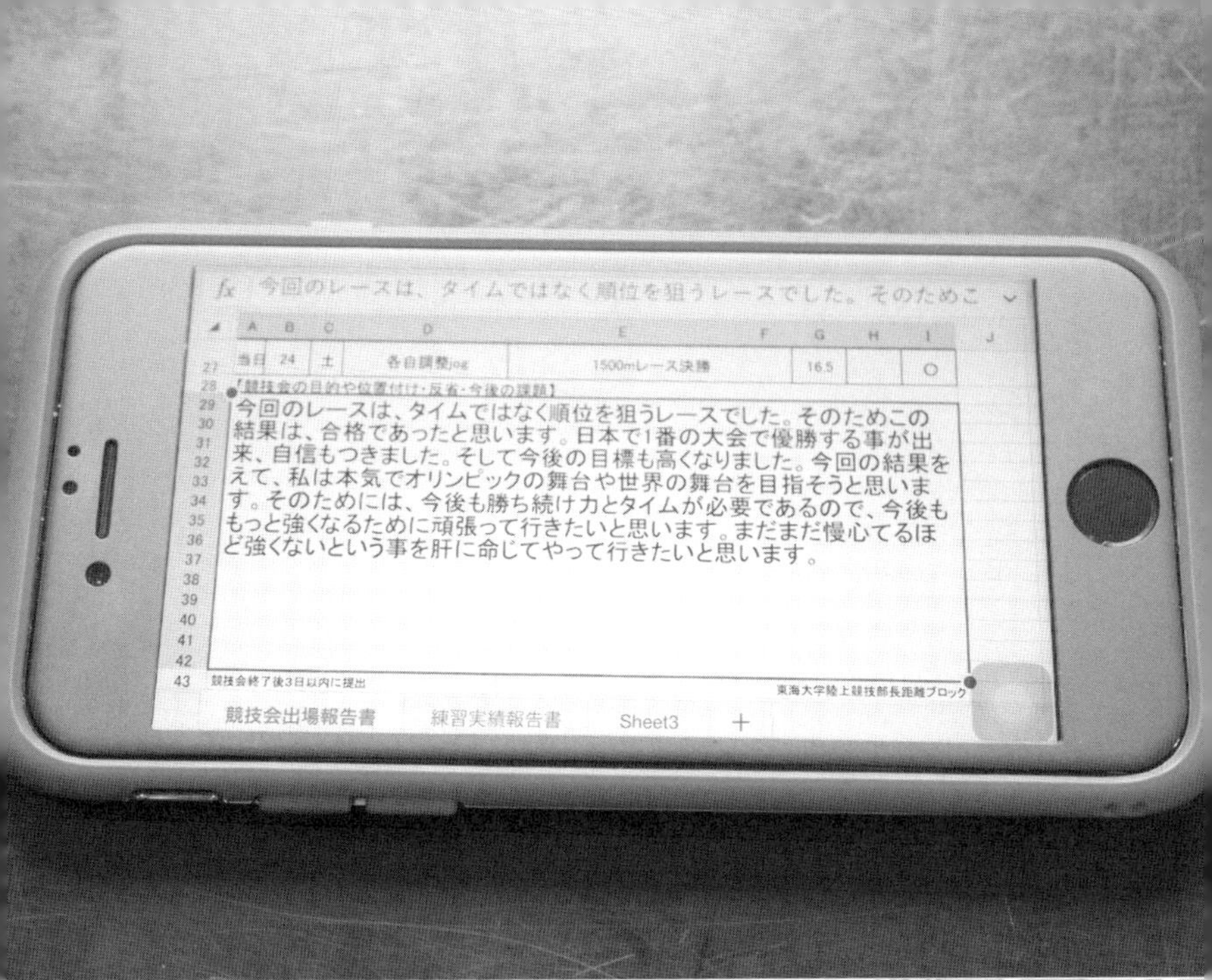

今季は1500mで大躍進した館澤亨次。関東インカレに続いて、日本選手権でも初優勝をさらった。

（29分29秒72）でレースを終えた。

「日本選手権に集中させていただきましたが、初めての日本選手権ということもあり、トップ選手との実力差をかなり感じたレースになりました。気持ちのうえでも圧倒されてしまった部分があって、内面的もまだまだ差があるのかなと思いました」

大会初日は闘と鬼塚が厳しい戦いを強いられたものの、同2日目は館澤の〝快走劇〟が待っていた。初めて出場した日本選手権の舞台で、強烈なラストスパートを披露。大混戦のレースを3分49秒73で制して、「日本一」に輝いたのだ。

「優勝できたら凄いだろうなという気持ちはずっとありましたし、出るからには優勝を目指そうとは思っていたんですけど、正直優勝できるとは1ミリも思っていませんでした」

とまさかの優勝だった。突如として才能に目覚めた感のある館澤だが、1500mの本格参戦はちょっと意外なところにキッカケがあった。

16年の夏に100mのタイムを測定して、館澤がチームで一番速かったのだ。スパイクを履いて、スタンディングスタートで100mを駆け抜けて、11秒90（手動）をマーク。チームで11秒台は館澤だけだった。

「高校時代からスピードには自信があったんです。でも、1500mをやる機会がほとんどなくて。3年生春の記録会で3分51秒台をマークしたんですけど、インターハイ予選は県大会の1週間前にインフルエンザにかかってしまい、5000m1本に絞ったんです。自分的には1500mに挑戦したかったんですけど……」

高校時代に1500mでタイムを残した選手でも、箱根駅伝を目指す大学では、1500mを走る機会は少なくなる。しかし、東海大の場合は、「スピード強化」をポイントに置いていることもあり、1500mにも積極的に参戦。そのなかで館澤は自らのポテンシャルを覚醒させた。

館澤は日本選手権の「競技会出場報告書」（一部編集）にこう書いている。

今回のレースは、タイムではなく順位を狙うレースでした。そのためこの結果は、合格であったと思います。日本で一番の大会で優勝することができて、自信もつきました。そして今後の目標も高くなりました。今回の結果を得て、私は本気でオリンピックの舞台や世界の舞台を目指そうと思います。そのためには、今後も勝ち続ける力とタイムが必要であるので、もっと強くなるために頑張っていきたいと思います。まだまだ慢心できるほど強くないことを肝に銘じてやっていきたいと思います。

1500mと20km以上の距離で戦う箱根駅伝。求められる能力が違うため、両レースで結果を残すのは簡単なことではない。しかし、館澤は二兎を追いかけながら、「東京五輪」という大きな〝獲物〟を狙っている。

「箱根駅伝も大切ですけど、トラックシーズンは個の力を鍛えるべきだと思っていたので、僕は1500mにも出場したいと考えていたんです。そんな1500mでまさかここまでいけるとは思っていませんでした。うれしかったですし、自信になりましたね。そして、優勝して1日たって、今後の覚悟ができました。20歳で日本選手権を勝つことができたので、1500mという種目で本気で東京五輪を目指します。箱根駅伝にも出たいので、秋冬には距離を走りこみたい。そして、東京五輪のある社会人1年目は1500mに集中したいと思います」

日本の中距離、とりわけ1500mは世界に大きく引き離されている。17年に開催されたロンドン世界選手権の参加標準記録は3分36秒00で、日本記録（3分37秒42）を上回っているのだ。館澤は日本選手権を制したとはいえ、自己ベストは3分42秒51。オリンピックでは〝開催国枠〟が与えられる可能性があるものの、館澤は「それでは出たくない」という。

「日本記録よりも速い参加標準記録を突破して出場したい。そのためには、日本記録を大きく更新しなければいけません。東京五輪では、日本の1500mは弱いという常識を変えたいんです」

同学年のライバルである舘澤の日本選手権Vは、当然、關や鬼塚のハートに火をつけた。

「舘澤は今季1500mを中心にやってきて、ほぼ負けなしでした。レース展開を見ていても、安心感がありましたね。日本選手権ももしかしたら優勝するんじゃないかなと思っていました。自分たちの学年から日本チャンピオンが出るのはうれしいことですし、大きな刺激になりましたね」(關)

「自分は現地で応援していたんですけど、やっぱり、『すごいな』という感じで刺激を受けました。この前、400mのインターバルをやったんですけど、最後の1本はラストで負けたんです。スピードでは敵わないですね」(鬼塚)

東海大は3000m障害で三上嵩斗(3年)が5位に入るなど、日本選手権で強烈なインパクトを残した。しかし、關、鬼塚、舘澤の3人は当初立てていたトラックシーズンの目標を達成することができなかった。

最強世代の2年生を引っ張る關颯人（左）と鬼塚翔太。ふたりはトラックでの世界大会出場を目指している。

春に米国・オレゴン大でトレーニング

17年のトラックシーズンは、館澤が1500mで、鬮と鬼塚が5000mでユニバーシアードの日本代表を狙っていた。そして、鬮、鬼塚、阪口竜平の3人は、春に米国・オレゴン大へ〝短期留学〟している。鬮と阪口が少しだけ先に入り、鬼塚は2月16日に米国へ。単独での海外旅に、「若干の不安はありましたが、まあ何とかたどりつきました」とポートランドでのトランジットを経て、ユージンに入った。

3人はオレゴン大の選手たちが借りている家にシェアハウスするかたちで、同じ部屋で過ごしたという。食事については、「外で食べることもありましたが、基本は自分たちで作りました」と鬮。トレーニングはNCAA（全米大学体育協会）の規定でポイント練習を一緒に行うことはできなかったものの、オレゴン大の選手たちと同じメニューをこなした。

「現地のコーチからメニューを与えてもらって、それを自分たちでやるという感じです。日本と大きく違うことはありませんでしたが、トラックシーズン直前だったので、ポイント練習はスピード系が多かったですね。日本でいう距離走やペース走のようなものは少なくて、2回くらいしかやった記憶がありません。逆にインターバルのようなかたちで距離を踏みました。日本のペース走やビルドアップよりも速いペースを分割して行い、トータルで距離を稼ぐかたちです。向こうはマイルという考え方なので、1600mを何本というものが多かった。たとえば、キロ3分ペースになる4分48秒から入って、少しずつ上げていき、6本。トータルで9600mになる計算です。反対にショートインターバルでは、600m、400m、300m、200mを何セットというものもやりました。とにかく、インターバルの幅が広いんです」と闞が説明する。

鬼塚も、「あっちの練習はスピード系がかなり多くて、1マイルのリピートがあったんですけど、そのなかで結構なペースで最後までやれたことが自信になりました。練習としてはいいものができたと思います。それからオレゴン合宿に行って、東海大の練習も変わってきたんです。特にウエイトは前年までと違って、シャフトを持ってやるメニューが増えました。そのおかげでスピードがついているのかな」と手ごたえをつかんでいる。

オレゴン大は朝練習がなく、午前と午後の二部練習。通常の授業期間だったこともあり、午後は全員が集合するものの、午前中は空いている時間に各自で行っていたという。

「文化が違うので考え方も違います。オンとオフがしっかりしている印象です。練習するときはするんですけど、それ以外は縛りがない。結構自由な感じで楽しそうにやっていましたね。日本はそんなに競技力がなくても実業団に行ける部分もある。向こうは世界大会を狙えるレベルでないと、プロとして続けられない。結構シビアな世界だなと思いました。向こうの選手がどう考えているかわからないですけど、そういうのを見て、日本と米国では競技力の差があるのかなと感じました。いろいろな経験ができましたし、考え方も広がりました。今後に向けていいものを得られたかなと思います」（鬮）

オレゴン大の選手は、1万mのタイムはほとんど持っていないが、1500mでは日本記録を上回るタイムを持つ者が数人いたという。リオ五輪1500m金メダリストのマシュー・セントロウィッツ・ジュニアが来て、オレゴン大の選手たちとポイント練習をしているのを目撃するなど、日本とは異なる〝世界〟を体感した。

鬮と鬼塚はユニバーシアード5000mの選考会となった織田記念で参加標準記録の13分43秒00を切ることができずに、日本代表を逃した。鬼塚が学生トップの7位（13分52秒44）、鬮は13位（14分08秒83）だった。

ふたりは日本選手権でも5000mの出場を目指していたが、ゴールデングランプリ川崎の3000mと、関東インカレの5000mで、同大会の参加標準記録A（13分41秒00、3000m7分55秒00）に届かなかった。鬮は米国で右ふくらはぎを痛めた影響で、シーズン序盤は調子が上がらなかったという。

「ゴールデングランプリ川崎の3000m（4位／7分55秒44）は調子も良かったんですけど、もともと連戦できるタイプではないので、川崎を走った後、そのダメージもあり、関東インカレの5000m（6位／14分00秒65）は思うように走れませんでした。日本選手権の5000mはスローな展開になったので、自分でも上位入賞のチャンスはあったんじゃないかなと思いましたし、標準記録に届かなかった甘さもあるので、今年（17年）は確実に5000mで参加標準記録を破りたいです」

一方の鬼塚は織田記念の5000mで学生トップ、関東インカレ5000mでも日本人トップの2位（13分46秒49）とトラックでは安定感のある走りを見せてきた。それでも、5000mで日本選手権の出場を逃したことを反省している。

「今季はユニバーシアードと日本選手権の5000mを目指してやってきたんですけど、ユニバーシアードは代表を逃して、日本選手権は1万mにしか出場できませんでした。5000mのトレーニングをやってきたなかでの1万mだったので、そこに不安要素もあって、なかなかうまくいかなかった。自分も来年（18年）は参加標準記録を突破して、5000mで勝負したいと思っています」

ふたりとも5000mにこだわっているのには、明確な理由がある。2020年の東京五輪をトラック種目で狙うために、大学の4年間で徹底的にスピードを磨こうと考えているからだ。

鬼塚は「6月の練習実績報告書」（一部抜粋）にこう記している。

今月は日本選手権の1万mに向けてやってきたが、あまり調子が上がらず、ポイントもまともにこなせなかった時期があった。それでも、しっかりと自分で調整しながらやってきた。結果として、あまり納得のいく走りとはならず、かなり悔しい。

しかし、いい経験はできたと思うので、次に繋げていくようにしたいと思う。7月にはヨーロッパ遠征に行き、3レースを予定しているので、そこで結果を残せるようにやっていきたい。

17年は1500mをメインに戦ってきた館澤はオレゴン大の練習には参加していない。

当初は「自分も参加したかったので、非常に悔しかったです」と振り返るも、日本選手権で優勝したこともあり、「結果的には日本で練習してきて良かったと思います」と胸を張った。

「關と鬼塚は自分よりも何枚も格上の選手です。まだ追いつけない存在ですが、今年（17年）はあのふたりと同格の評価をされるような選手になりたい。そして、あのふたり以上の選手になれればなと思っています」

3人は7月中旬の欧州遠征に参加する。關と鬼塚は5000mを、館澤は1500mを中心にレースを組む予定だ。關と鬼塚は今季のトラックレースが2勝2敗。ふたりとも5000mで「13分35秒」という目標タイムを掲げている。いずれにしても、3人は「世界」という大きなターゲットを現実的な目標としてとらえて、競技を続けていく。

箱根駅伝は前回の悔しさを晴らす〝戦い〟

東海大は佐久長聖高校で抜群の指導力を発揮した両角速駅伝監督が就任して今季は7年目。2012年の予選会で箱根駅伝の連続出場が「40」で途絶えるも、その後、チームは着実にステップアップした。箱根駅伝で3年連続のシード権を獲得すると、16年は出雲駅伝で3位に食い込んだ。そのとき、旋風を巻き起こしたのが、当時1年生だった關、鬼塚、館澤の3人だ。

1区鬼塚が2位で発進して、2区館澤も区間2位と好走。前半のエース区間である3区で關が区間賞の快走でトップを駆け抜けた。箱根駅伝でも鬼塚を1区、關を2区、館澤を5区と、1年生を主要区間に抜擢。ほかにも4区に松尾淳之介、6区に中島怜利が入るなど、現在の2年生が5人も起用された。それは東海大が〝新時代〟への第一歩を踏み出すための超攻撃的なオーダーだった。

しかし、前回の箱根で合格点といえるのは1区の鬼塚だけ。2区の關と5区の館澤はプライドをズタズタに引き裂かれている。

出雲、全日本に続いてスターターを任された鬼塚は1区で東洋大・服部弾馬と1秒差の区間2位と好発進。「区間3位以内が目標だったので、最低限走れたのかなと思います。いい流れをつくって、2区の關にタスキを渡すのが自分の役割でしたから」と話す。続く2区の關は1時間9分33秒の区間13位。「1時間8分30秒」というタイムを設定していたものの、1分以上遅れて、2位から11位まで順位を落としている。

母校の指揮官に就任して７年目。両角速駅伝監督は箱根駅伝だけでなく、「世界」という大きな目標を掲げている。

「当時は悔しさがありましたね。駅伝で走れなかったという経験がなくて。駅伝をやってきて、初めて人に抜かれたんです。そのときはいろいろと考えました。でも冷静になってみると、２区のコースはかなり厳しい。11月に1カ月間、練習ができなかったことが結果的に響きました。２区はアップダウンもありますし、最初に突っ込んで、後半に粘ることを考えると、きちんと練習を積まないといけない。前回の準備で、あのコースを攻略するのは無理だったのかなと思います」

14位でスタートした5区の館澤も大平台（7・0㎞地点）までトップタイムを刻むが、その後は大きくペースダウンする。１時間15分54秒で区間13位。序盤で2チームを抜き去るも、蘆ノ湖にたどり着いたのは15位だった。

「前回の箱根駅伝は人生で一番悔しい思いをしました。上りの練習はチームで1番良かったですし、カラダが動いたのもあって、序盤から攻めて行ったんです。途中から時計を見なかったんですけど、後で聞いたら予定よりも早く入ってしまって。上り始めて、2～3kmでおかしいなと感じて……」

鬮と館澤の苦戦もあり、東海大は往路を15位で折り返した。復路の上級生が踏ん張り、総合10位でフィニッシュ。どうにか「シード権」を手にしている。1年生を主要区間に抜擢したのが裏目に出たかたちになったが、その戦いは「世界」を見据えた東海大の〝攻め方〟だったように思う。

というのも、両角監督は「箱根駅伝」を最優先に考えて、選手たちを指導しているわけではないからだ。

「チームとしてはやっぱり箱根駅伝です。でも、ごく数名はその域を超えています。その者たちは、『箱根駅伝は通過点』という認識でやらないといけません。チーム目標が箱根駅伝でも、全員が自分の持ち味や個性を封印して箱根に向けてじっくり取り組むのではなく、本人たちの特徴を伸ばすことを考えながらやっています。箱根で勝つことよりも、重視しているのが来年の日本選手権で戦うための準備です。關や鬼塚などは、11月末の記録会1万mで28分20秒に挑戦させたいと思っています」

両角監督に箱根駅伝の目標を尋ねると、「今回も総合10位かなとは思います。それは仕方ないんじゃないでしょうか。もちろん、打倒・青学大を掲げていますし、12月に入ってしっかり準備できて、運が良ければ勝てるでしょう」という答えが返ってきた。なんとも、意味深な言葉だろう。

そこで箱根で3連覇中の青山学院大に勝つためには、どうしたらいいのかを聞いてみた。

「箱根駅伝の2区経験者が3人（川端、春日、關）もいるのは、どの大学にも前例がないでしょうし、それがうちの強みではあると思います。全日本予選のように、主力抜きでもそれなりに戦えるだけのチームになってきました。2区、5区などは、トラックとの掛け持ちではうまく対応できないと思っています。選手層の厚さを生かして、主要区間を走る選手は、そこに向けてきっちり仕上げていきたい。箱根駅伝オンリーの選手とトラック経由の選手が嚙み合っていけば、総合優勝を目指して戦っていけるのかなとは感じています」

そのため現時点では、箱根駅伝のエース区間ともいえる2区と5区に、關、鬼塚、館澤の起用は考えていないという。

「鬼塚や鬮は1区、3区あたりが妥当なとこかなって思っています。鬼塚は前回も1区で好走していますし、一回り成長した1区の走りを見せてほしいですね。ラスト勝負で勝つのではなく、佐藤悠基や大迫傑がやったように、序盤からぶっ飛ばして大差をつけるような走りができたらいいなとは思っています。館澤は1500mのスピードがあるので、6区でもおもしろいかもしれません」

では、選手たちはどう考えているのか？

前回1区を好走した鬼塚は、「1区はもういいかなという気持ちはありますし、2区は自分の走り方的には向いていないんじゃないかなと思います。特に何区をというのはないんですけど、つなぎの区間でライバル校を引き離したいという気持ちはありますね」と話す。

花の2区で苦戦した鬮は、「特にどこを走りたいというのはないんですけど、どちらかというと2区はあまり走りたくないですね（笑）。自分には向いていないので、2区を走るなら、そこに向けてビシッとトレーニングを積まないと、僕には走れない区間だと思います。この冬は1万mでタイムを狙いたいですし、どちらかというと、スピードを生かせる区間を走りたい」と、トラックをかなり意識している。

5区の失速から今季は1500mランナーとして開花した館澤は、「箱根駅伝はリベンジしたい気持ちでいっぱいです。前回は自分がチームの脚を引っ張った感じになってしまったので、今度はチームを勝たせる走りをしたいと思っています。ただ、もう5区は怖いですね（笑）。でも、もう一度5区に挑戦してみたい気持ちもあります。そのためにも、平坦区間で区間賞を獲れるような選手になりたいです」と話す。5区でのリターンマッチしたい気持ちを持ちつつも、3区、7区、8区あたりの平坦区間でチームに貢献したい考えだ。

關、鬼塚、館澤の3人は大学卒業1年目に東京五輪を迎える。關はいう。「箱根で優勝したい、という思いもありますが、個人としてオリンピックを目指せる競技力を4年間でつけていきたいんです」と。その〝思い〟に対して、両角監督も応えるつもりだ。

「私はスピードのある選手を育てよう、という信念を持っていますし、本人たちの特徴を伸ばすことを考えながらやっています。スピードのある選手はトラックを意識して、その他の選手たちは、この夏から箱根用のトレーニングにシフトしていきます。両者の力がうまく嚙み合えば、箱根駅伝もおもしろいと思います」

箱根駅伝で悲願の初優勝を目指す東海大。その裏には〝世界挑戦〟という大きな野望が輝いていた。

7月

北の大地で「好タイム」を狙え

トラックシーズンの終盤となる7月、
ランナーたちは北の大地に集う。
ホクレン・ディスタンスチャレンジで、
自己ベストを狙うのだ。
その頃、東海大の数選手は欧州にいた。

「暑さ」に苦しみ記録奮わず

長距離種目は気象条件がタイムに大きく影響する。暑くなるとパフォーマンスが下がるため、以前は7月のレースに参戦することはあまりなかった。しかし、近年は気候の涼しい地で、「好タイム」を狙う流れが加速している。

例年、実業団選手や学生ランナーが大挙して参戦しているのが、北の大地・北海道を舞台に開催されているホクレン・ディスタンスチャレンジだ。士別、深川、北見、網走と4つの会場で開催。ケニアなどの外国人ランナーたちがペースメーカーを務めるだけでなく、好タイムをマークすると「強化費」が支給（日本国籍の競技者のみ対象）されることも選手たちのモチベーションになっている。

そのホクレン・ディスタンスチャレンジで、今年最も注目を集めたのが、日本選手権の1万mを連覇した大迫傑（ナイキ・オレゴンプロジェクト）が出場した網走大会だ。しかし、12時のグラウンドコンディションで気温が35℃という季節外れの「暑さ」に苦しむことになる。

レース開始時間を遅らせたものの、ロンドン世界選手権の参加標準記録（27分45秒00）を目指した大迫のフィニッシュタイムは27分46秒64。

わずか1秒64届かず、日本勢はロンドン世界選手権の男子長距離種目で「代表」を派遣することができなかった。

大学生では深川大会の5000mで阪口竜平（東海大2）が13分41秒09をマークしたのが一番の好タイム。今年は暑さもあり、全体的に「低調」な結果に終わった。

欧州での経験を糧にできるか

その一方で、東海大の2年生トリオ（關颯人、鬼塚翔太、館澤亨次）は7月中旬に欧州遠征へ。現地で3～4試合に出場している。7月22日のナイト・オブ・アスレチックス（ベルギー）では關が13分35秒81、鬼塚が13分38秒58とともに自己ベストを更新。3000mまでペースメーカーを務めた館澤もセカンドベストとなる13分51秒89をマークしている。

ホクレン・ディスタンスチャレンジ2017の結果

［深川大会（7月6日）］

［5000m］

❼阪口竜平（東海大2）13:41.09

［10000mA］

❾鈴木祐希（神奈川大4）29:06.19 ❿川端千都（東海大4）29:07.74

［10000mB］

❶永戸聖（山梨学大3）28:57.51 ❽松尾淳之介（東海大2）29:29.74

［北見大会（7月9日）］

［10000mA］

❼小山直城（東農大3）13:56.62 ⓯小町昌矢（日体大4）14:02.67 ⓰宮﨑勇将（日体大3）14:07.85

［網走大会（7月13日）］

［10000mA］

❻パトリック・ワンブイ（日大3）28:15.67 ❽ドミニク・ニャイロ（山梨学大3）28:22.12 ⓬サイモン・カリウキ（日本薬科大3）28:26.61

［10000mB］

❶ムソニ・ムイル（創価大2）28:27.29 ❹塩尻和也（順大3）28:48.59 ❽シテキ・スタンレイ（東京国際大4）28:56.24 ⓬山藤篤司（神奈川大3）29:10.32

※5000m14分10秒未満、10000m29分30秒未満をマークした学生ランナーのみ掲載

館澤亨次（左）、鬼塚翔太（中）、關颯人（右）の東海大トリオは欧州遠征で好タイムをマークした。

駒澤大学陸上競技部

箱根駅伝は51年連続51回出場。95年に大八木弘明監督がコーチ（当時）に就任すると、学生駅伝をリードする存在に。全日本大学駅伝では最多12回の優勝。箱根駅伝では4連覇を含む6度の総合優勝を達成している。

工《く》藤《どう》有《なお》生《き》選手
4年生

片《かた》西《にし》景《けい》選手
3年生

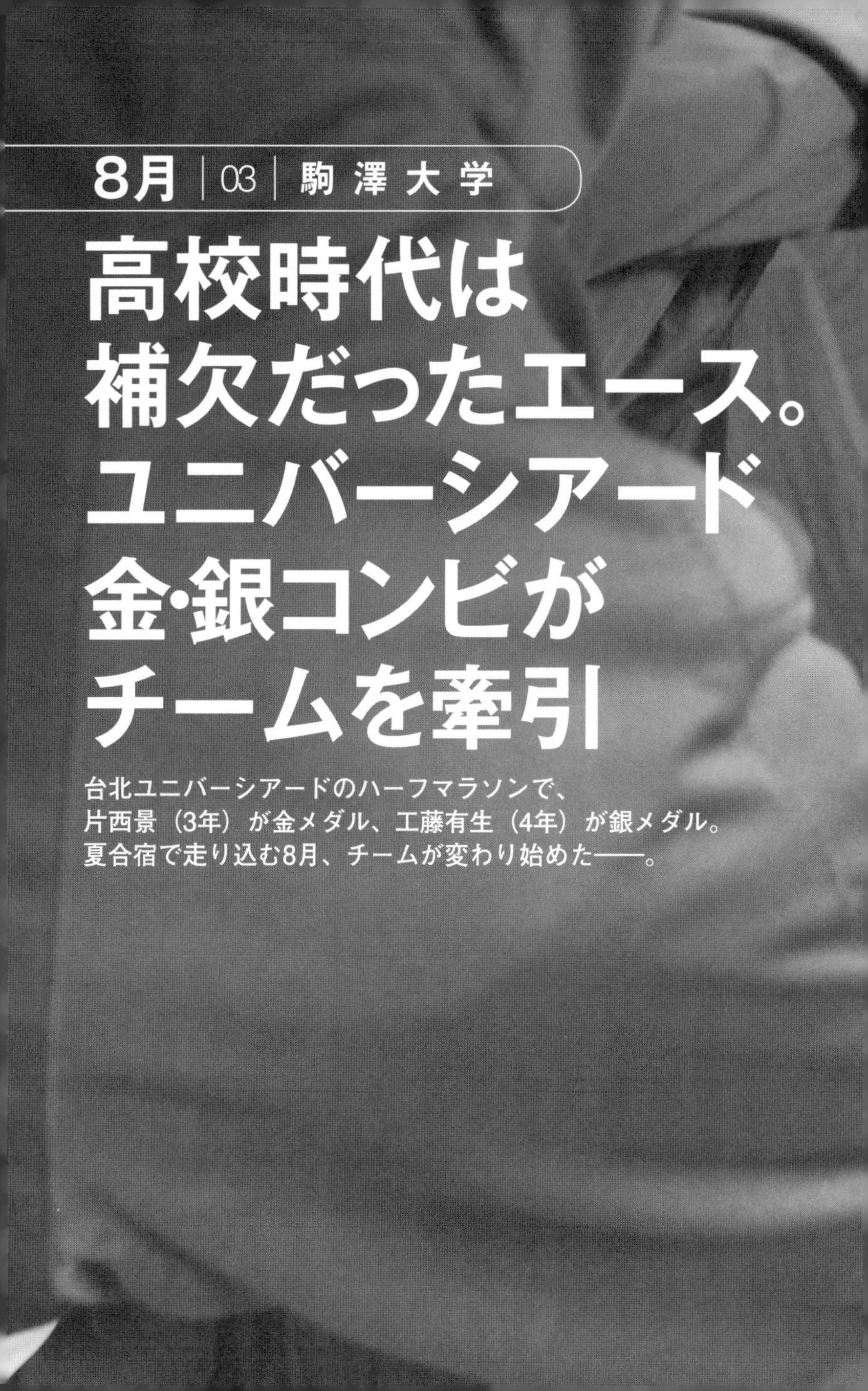

8月 | 03 | 駒澤大学

高校時代は補欠だったエース。ユニバーシアード金・銀コンビがチームを牽引

台北ユニバーシアードのハーフマラソンで、
片西景（3年）が金メダル、工藤有生（4年）が銀メダル。
夏合宿で走り込む8月、チームが変わり始めた——。

力を蓄える夏合宿と勝負のユニバーシアード

大学生の夏休みは2か月ほどあるが、学生ランナーに〝バカンス〟はない。どちらかというと〝地獄の日々〟が待ち構えている。なぜなら、「夏合宿」に突入するからだ。

夏合宿は部員全員で行うもの、選抜メンバーだけ、選抜メンバー以外の合宿と、大きく3つに分類される。選抜合宿は各大学15名ほどで行うことが多い。箱根駅伝のエントリーが16名なので、夏合宿でAチームに入ることができるかどうかが、箱根への最初の〝関門〟になる。

そして夏合宿を終えると、大きく変貌を遂げる選手がいる。学生ランナーにとって、「夏休み」期間は非常に意味のある時間なのだ。

2017年は2年に1度開催される学生スポーツの祭典、ユニバーシアードが台湾・台北で行われた。陸上競技の日本勢は、金メダル「7」、合計メダル数「16」。国別でともにトップという過去最高の成績を残した。

なかでも活躍が目立ったのが男子長距離だ。5000mで出場権を得ることができなかったものの、1万mで塩尻和也（順天堂大3）が銅メダルを獲得。ハーフマラソンでは、鈴木健吾（神奈川大4）、工藤有生（駒澤大4）、片西景（駒澤大3）、栃木渡（順天堂大4）、鈴木塁人（青山学院大2）の5人が参戦して、日本勢が圧倒的なパワーを発揮した。

朝7時15分にスタート。選手たちは気温30度を超える暑さのなかで、1周7㎞の周回コースを3周する。レースは工藤が引っ張るかたちで進んだ。スローペースになったが、残り1周で工藤がアタック。トップ集団は工藤、片西、鈴木健、ジョン・カテレガ（ウガンダ）の4人に絞られた。

そして、終盤は工藤と片西の一騎打ちに。駒澤大コンビの対決は、先輩・工藤が何度も仕掛けると、最後は片西がスパート。1時間6分09秒で金メダルに輝いた。2位に工藤、3位に鈴木健が入り、日本勢が〝メダル独占〟の快挙を達成した。

出場した日本勢のなかで最も実績のなかった片西はいかにして「学生世界一」まで登りつめたのか。大会の3週間前には棄権も考えていたという工藤は、どうやって「復活」し

ユニバーシアード台北の結果

［**10000m（8月24日）**］

❶BAHATI・Sadic（ウガンダ）29:08.68 ❷SOARE・Nicolae・Alexand（ルーマニア）29:12.76 ❸塩尻和也（順大3）29:20.96 ❹KATEREGGA・John（ウガンダ）29:44.31 ❺BARATA・Samuel（ポルトガル）29:54.89 ❻ANDREAS・Jeromy（南アフリカ）29:56.09 ❼KEKANA・Mokofane・Milton（南アフリカ）30:33.03 ❽COCKS・Riley・Samuel（豪州）30:47.00

［**ハーフマラソン（8月27日）**］

❶片西景（駒大3）1:06:09 ❷工藤有生（駒大4）1:06:23 ❸鈴木健吾（神奈川大4）1:06:56 ❹KATEREGGA・John（ウガンダ）1:07:27 ❺KEKANA・Mokofane・Milton（南アフリカ）1:08:57 ❻栃木渡（順大4）1:08:59 ❼TSEVEENRAVDAN・Byambajav（モンゴル）1:09:14 ❽VISKERS・Janis（ラトビア）1:09:16 ⓬鈴木塁人（青学大2）1:10:23

※トップ8と日本人選手の結果を掲載

たのか。ユニバーシアードで最も輝いた駒澤大の〝夏〟を追いかけた。

夏合宿で気持ちをひとつにする

17年正月の箱根駅伝で9位。駒澤大は8年ぶりにトップスリーから陥落した。今季のトラックシーズンも思うような結果を残すことができなかったものの、夏合宿でチームの雰囲気は一気に明るくなった。

8月2日から8月7日までの選抜合宿(16~17名)を行うと、その後は例年と同じスタイルで、8月16日から9月2日まで長野県・野尻湖→志賀高原→野尻湖を拠点にそれぞれ1週間、トータル約3週間の全員合宿で走り込んだ。

夏合宿は駅伝シーズンに向けた「スタミナづくり」が一番の目的になるが、箱根駅伝で4連覇を成し遂げたこともある名将・大八木弘明監督は、「チーム力・結束力を高めるためのものでもあります」と話す。駅伝は走る選手だけではなく、サポートする人たちの力も必要なため、年に1回は部員全員での合宿を組み、チームの気持ちをひとつにするのだ。

そのなかでキャプテンの高本真樹(4年)が〝うれしいニュース〟を聞いたのは、東洋大、早稲田大など近隣で合宿中の大学が多数参加した黒姫・妙高山麓大学駅伝（8月27日）のレース中だった。藤田敦史コーチから、「片西と工藤が金・銀だぞ！」と声をかけられたという。

「最初はなんのことかわからなかったんですけど、素直にすごいなと思いましたね。合宿組にとってプラスの材料ですし、『自分たちもやってやろう！』という気持ちが強くなりました」と高本。駒澤大は1区で抜け出した立命館大に次いで2位でフィニッシュ。アンカーの高本は区間賞を獲得している。

ユニバーシアードのハーフマラソン代表で片西景（3年）が金メダル、工藤有生（4年）が銀メダルに輝いた駒澤大は、夏合宿のハードなトレーニングを順調に消化した。長野での全員合宿は20年以上も継続しているもので、特に野尻湖（1周15・3㎞）のメニューは、大八木監督が現役時代からトレーニングデータをつけており、そのノウハウが蓄積されている。

駒澤大の夏合宿を経て、一気に強くなったのが高校時代に苦しい時代を過ごした工藤だった。

ユニバーシアードのハーフマラソンは、工藤有生、鈴木健吾、片西景の3人を軸にトップ集団が形成された。

補欠から駒澤大のエースになった男

工藤は大学1年時から学生駅伝で活躍。すぐに名門・駒澤大の中心選手になった。箱根駅伝では2年連続で〝花の2区〟を担っている。しかし、高校時代は無名の存在だった。

駅伝の名門・世羅高校（広島）の出身で、高校3年時、チームは全国高校駅伝で4位に入っているものの、工藤に出番はまわってこなかった。6区に出場する予定だったが、直前に変更されている。

「大学入学時は自分でも今の姿は想像していませんでした。ただ監督から『高校駅伝を走れなかった悔しい思いがあるならしっかり練習をして結果を出せ』と言われて、練習は相当きつかったですけど、我慢してきました。野尻湖の30㎞走を何本か入れたら、筋力が増えて、走れるようになってきたんです。夏合宿が終わった頃から、それまできつく感じていたメニューが余裕でこなせるようになり、力がついたなと思いましたね」

入学時は卒業するまでに箱根駅伝に出場できればと考えていた工藤だが、1年時からレギュラーを獲得。区間賞こそ逃したものの、4区で区間新をマークしている。高校時代のチームメイトには貞永隆佑（青山学院大4）、城西廉（順天堂大4）らがいたが、同学年の誰よりも速く〝箱根デビュー〟を果たした。

「高校時代の同学年には、絶対に負けたくない。そういう思いでやってきました」と工藤。3学年上には村山謙太（現・旭化成）、中村匠吾（現・富士通）、1学年上には中谷圭佑（現・日清食品グループ）がいて、「強い先輩方を間近で見てきましたし、質の高い練習を一緒にできたことが、自分の成長につながったと思います」と振り返る。

しかし、チームの成績は年々下降した。1年時は全日本大学駅伝で4連覇に貢献すると、箱根は準優勝。2年時は出雲、全日本、箱根ですべて3位。3年時は出雲5位、全日本4位、箱根では9位に終わった。危機感を抱いた工藤は、箱根駅伝を終えた1月3日の練習日誌にこう記している。

総合9位は自分が入学して一番悪い成績。戦力的には整っていただけに悔しいし、来年は自分たちが主体となるチームで戦えるのか、不安と焦りがある。このままで大丈夫だろうか。それでも優勝を目指してがんばるしかない！

スピードランナーの中谷、5区で区間賞を獲得した大塚祥平（現・九電工）らが卒業するなかで、工藤は不安を感じると同時に、「絶対にやってやるんだ」という〝決意〟を練習日誌に込めていた。

箱根駅伝で屈辱を味わった駒澤大だが、3月5日の日本学生ハーフマラソンで意地を見せる。鈴木健吾（神奈川大）が1時間1分36秒の大会新で独走Vを飾ると、工藤が1時間2分15秒の2位、片西が1時間2分34秒の3位、下史典が1時間2分36秒の4位でフィニッシュ。同大会はユニバーシアードのハーフマラソン代表選考会になっており、上位3位までに入った工藤と片西がユニバ代表を獲得した。

しかし、工藤にとっては〝厳しい道のり〟が待ち構えていた。以前から悩まされていた「左脚が抜ける感じ」の症状が悪化。7月上旬には、「全身に力が伝わらないような感覚」に陥り、本格的なトレーニングができなかったのだ。同じ頃、鈴木健吾も右股関節の痛みで十分に練習ができずに苦しんでいた。

片西も駒澤大のメソッドで急成長

片西も工藤と同じく、高校時代（昭和第一学園）は全国大会で活躍したわけではなかった。大学入学時の5000m自己ベストは14分23秒94。チームの同学年では5番目のタイムだった。

「強い駒澤大に憧れていました。監督の指導力にも惹かれましたし、強いチームで箱根を走ることに意味がある」と自ら名門校への入学を志願。自宅から駒澤大の道環寮までは電車で1時間ほどだが、入学時から寮生活を送ってきた。

「食事当番、掃除などの仕事もあるので、1年生のときは大変でしたけど、チームメイトとの生活は楽しいです。ただ1年目は練習も一杯いっぱいで、自分のなかであまり余裕がありませんでした。でも、2年生の夏合宿でしっかり練習できたことが自信になり、監督からも評価していただいて、駅伝で使ってもらえるようになったんです」

16年は全日本大学駅伝の6区（区間6位）で学生駅伝に初出場すると、17年の箱根は復路のエース区間である9区を任され、区間4位と好走した。

「自分の強みである後半でしっかり勝負できたことは、3年目、4年目につなげるうえでいいレースになったかなと思います」と片西。箱根駅伝で自信をつけると、有力選手が多数出場した2月の丸亀ハーフマラソンで14位（1時間2分31秒）に食い込んだ。

3月の学生ハーフは、「10位以内」を目標にしていたが、レース中に「ユニバ代表が狙えるぞ！」と目標を3位以内に切り替える。そして、得意の後半でしっかり勝負して、3枚目の代表キップをゲットした。

片西は学生ハーフ（3月5日）の前日と当日の練習日誌に熱い思いを綴っている。

明日は学生ハーフ。目標は大きく3番以内。ユニバを狙えるのは、最初で最後。人生が変わると思う。みんなチャンスは平等。最低ひとけた順位。下と学年ワン・ツーをとりにいく。マラソンを考える。3年終わりに熊日30㎞、4年終わりにフルを走れるように今から始まっていることを意識する。

全体3位でユニバ代表が内定した。15㎞付近で、工藤さんに離され、下に追いつかれた

工藤有生（左）と片西景が引っ張る駒澤大。新築された道環寮には酸素カプセルやサウナが備わっている。

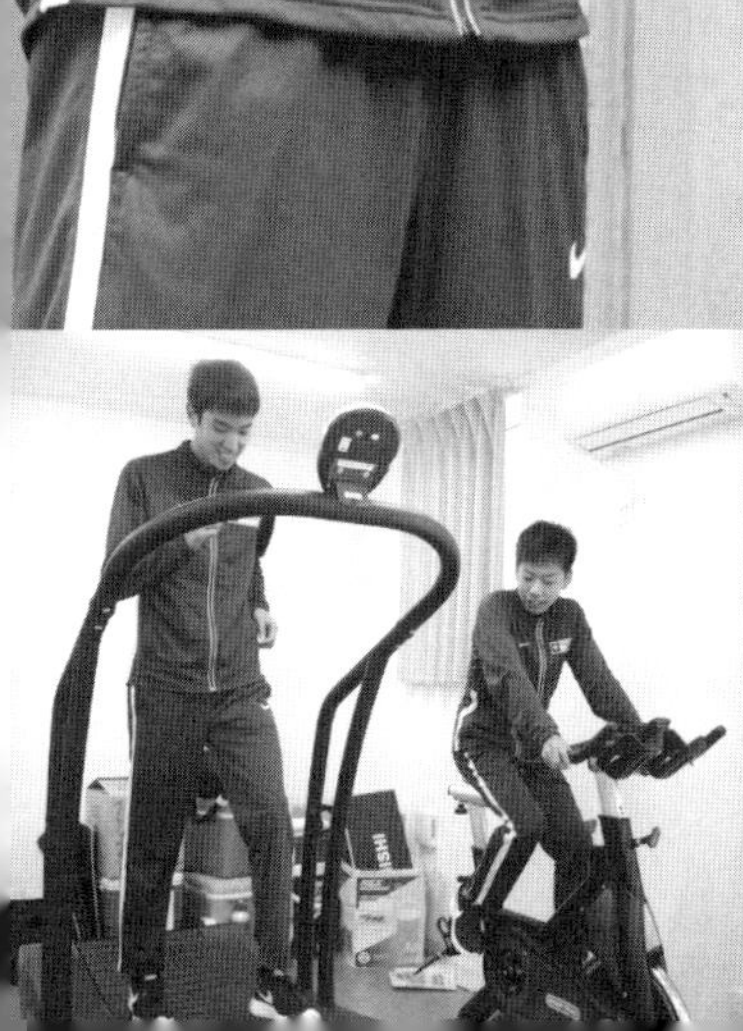

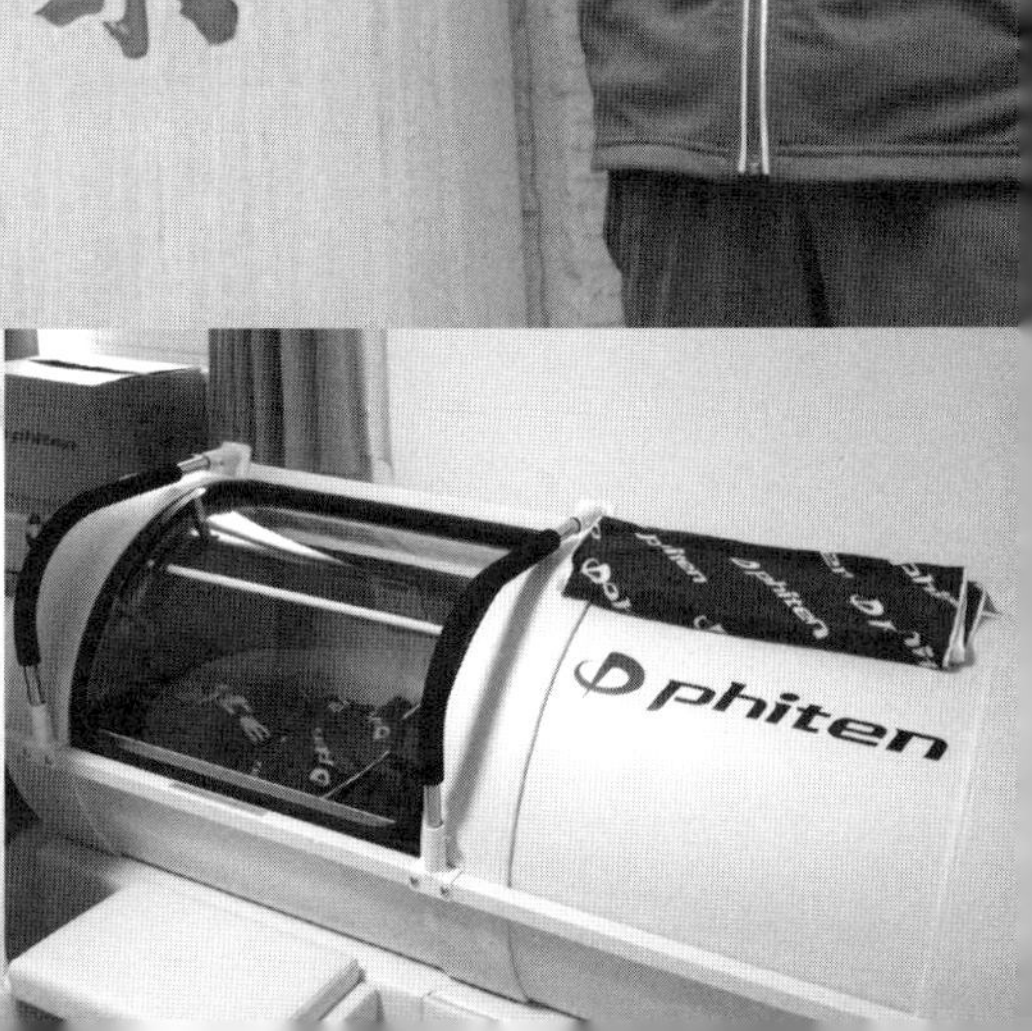

のは、やはりまだスタミナがない。藤田さんにも「力がついて、違う景色が見えてきたら高い目標を持たなければいけない」と言われた。鈴木さん、工藤さんが箱根２区のレベル。あそこまでいかなければ、２区では通用しない。

学生ハーフを境にして片西の〝気持ち〟が大きく変わった。前マラソン日本記録保持者・藤田敦史コーチの「違う景色が見えてきたら高い目標を持たなければいけない」という言葉が胸に響いた。大八木監督からも「ユニバ代表の自覚を持つように」と言われたという。

「大学入学時、ユニバーシアードは遠い世界だと思っていました。そこに自分も参加できることが決まって、本当にうれしかったですね。同時に責任も感じるようになりました。2年生まではチームの主力という感じではなかったですけど、強かった4年生が卒業して、今年は工藤さんに頼っているチーム。工藤さんとの差を詰めていって、チームを引っ張っていける存在になりたいと思いました」

対照的なふたりが歩んだユニバへの道

左脚付け根の違和感に悩まされていた工藤と、徐々に力をつけてきた片西。状態としては対照的だったユニバ代表のふたりは、8月9〜13日に福島・檜原湖で「調整合宿」を実施した。工藤の状態が良くなったこともあり、ふたりは別々のメニューをこなすことになる。

「片西と600mのインターバルをやったんですけど、違和感が出たので2本でやめました。その後は、ジョッグとゆっくりの距離走で距離を踏むかたちでしたね。片西はいい練習をしていたと思います」と工藤。一方の片西は、「いつも通りにしっかりやれました」と順調にトレーニングを消化した。そして、「工藤さんは練習ができていなかったので心配していましたが、もちろん一緒に出場したいという思いもありました」と振り返る。

沈みかけていた工藤が笑顔を取り戻したのは、その後に参加した「全員合宿」だった。

「全員合宿ではジョッグを長めにして、ポイント練習もやりました。Bチームでしたけど、1000mを10本やったときに、ラストを2分40秒くらいで上がることができたんです。

翌日のジョッグでも左脚が抜ける感じがあまりなかったので、これだったら走れるかな。どうにかユニバーシアードを走れるところまで戻した感じでした」

一時は「棄権」も考えていた工藤に〝希望の光〟が差し込んできた。

8月後半の台湾・台北は、最高気温が35度近くに上がる日が続いていたが、それは工藤にとってラッキーだったという。

「質の高い練習はできていなかったので、高速レースになったら対応できないと思っていました。でも、暑さでスローペースになれば勝負できるかもしれない。現地では暑さに慣れることを意識して、室内を冷やしすぎないようにして小まめに水分を採っていました」

日本勢にとって、ハーフマラソンは「メダル」が期待されていた種目だが、工藤と鈴木健吾（神奈川大4）は万全な状態ではなく、鈴木塁人（青山学院大2）も直前に発熱。そのなかで片西だけは好調をキープしていた。

「まわりの調子が良くなかったのでチャンスがあると同時に、自分がしっかりやらなきゃ、という思いがありました」という片西だが、レースが始まると先輩の〝底力〟に驚かされることになる。

工藤はスタート前に、「自分たちが走ることでチームに勢いがつくから頑張ろうな」と片西に声をかけた。レースが始まると、暑さもあって予想通りにペースは上がらない。そのなかでレースを引っ張ったのが工藤だった。そして、ラスト1周（残り7㎞）でスパートを仕掛けると、終盤は工藤と片西の駒澤大コンビが競り合った。

「集団がバラけたので、このまま逃げ切れるかなと思ったんですけど、盛り返されました。片西は落ち着いてレースを進めていましたし、ラストは強いので、それまでに離しておきたかったんです。ラスト1㎞までは並走して、そこから自分が仕掛けたんですけどダメで。片西に置いていかれました」（工藤）

「正直、工藤さんがあそこまで走ると思っていなかったですし、レース中も工藤さんがこんなに走るのか、と驚きました。残り7㎞でスパートされたときは、誰もついていかなかったんですけど、まだ距離があったので、追いつけると思って徐々に詰めていきました。並んでラスト1㎞くらいになったときは、自分の方が練習はできていたので、最後は自信がありましたし、練習の差が出たかなと思います」（片西）

片西が金、工藤が銀、鈴木健が銅と日本勢がメダルを独占。2年前の小椋裕介（現・ヤクルト）と一色恭志（現・GMOアスリーツ）の青山学院大コンビに続き、今回は駒澤大が学生最高の舞台でワン・ツーを飾った。

ユニバの金メダリストとなった片西は、「まさか自分が優勝できるとは思っていなかったので、本当にうれしいです。3年目でここまでこられて、駒大に来て良かったと感じています。でも、監督にも言われましたが、ユニバはユニバ。チームで狙っているのは箱根なので、今回の結果を自信にはしますけど、しっかりと切り替えて、今後は駅伝に集中していきたいです」と話した。

銀メダルを獲得した工藤は、「結果的に2位というのは悔しさもありますが、最低限のレースはできたと思います。駒大でワン・ツーをとれたのは、他大学にとって脅威になるはずなので、今度は駅伝でがんばっていきます」と胸を張った。

ユニバの金と銀がいるチームが目指す箱根駅伝

17年の駒大はエース工藤の調子が上がらなかったこともあり、トラックシーズンでは目立った活躍がなかったものの、夏でチームは大きく変貌。最大目標の箱根駅伝に向けて〝勢い〟がついた。

「この夏で駒大はユニバの金と銀がいるチームになりました。自分たちがしっかり走れ

ユニバーシアードのハーフマラソンは片西、工藤、鈴木健吾が1〜3位に入り、日本勢がメダルを独占した。

ば、チームはかみ合ってくると思います。他の区間の選手が安心して走れるように、区間賞を獲るくらいの走りをしたいです」（工藤）

工藤はユニバーシアードの後、脚の状態も「気にならないくらい」まで良くなっている。順当にいけば、箱根駅伝では3年連続の2区が濃厚だ。

16年は1時間08分04秒で区間4位。積極的な走りを見せて、13位から6位まで順位を押し上げた。17年は1時間08分09秒で区間6位。6位から3位まで順位を上げたものの、区間賞に輝いた鈴木健吾（神奈川大）についていくことができず、「練習をうまく継続できなかった部分の差が出ましたね」と不満が残った。

「毎年、残り3㎞の上り坂がうまく走れていないので、ラストでスピードを上げられるようにしたい。夏合宿で距離はしっかり踏んだので、補強を入れて筋力もつけて、うまく坂でも対応できる力を養い、最後の箱根に臨みたいと思っています。やるからには記録も出したいし、区間賞も狙いたい！」

2区の駒大記録は1時間7分46秒（村山謙太）で、過去のタイムを考えれば十分に射程圏内だ。そして、第62回大会（86年）の大八木監督以来となる駒澤大の「2区区間賞」に手が届けば、チームとしては最高のスタートダッシュとなる。

工藤は片西が力をつけたことでの〝危機感〟も持っており、「結果で示すしかない。『エース』と言ってもらえるように頑張ります」と快走を誓った。

一方の片西も、「工藤さんひとりに任せるのではなく、工藤さん、自分、下の3人でやっていかないといけない」とチームの主力としての自覚は十分。下史典は夏合宿でひとり距離を伸ばして40km走も行うなど、マラソンの準備に入っており、片西も「自分も4年生の最後にはマラソンをやってみたい」と話す。

箱根駅伝では、4区や9区など主要区間での起用が予想されるが、「何区を任されても、区間賞を獲るくらいの気持ちで臨まないといけないと思っています」と学生〝世界一〟のプライドも芽生えている。

今夏、ふたりのエースがくすぶっていた駒澤大の〝ハート〟に火をつけた。

ハーフマラソンで「学生世界一」に輝いた片西景。駒澤大の新エースとして箱根駅伝に臨むことになる。

早稲田大学競走部

箱根駅伝は41年連続86回出場。総合優勝13回を数える名門校で、瀬古利彦、渡辺康幸、大迫傑らオリンピック代表を輩出。2015年春から相楽豊駅伝監督が指揮を執り、全日本大学駅伝で2位、箱根駅伝では3位に入った。

太田智樹《おおたともき》選手
2年生

荘司結有《しょうじゆう》マネージャー
4年生

鈴木皐平《すずきこうへい》主務
4年生

相楽豊《さがらゆたか》監督

9月 | 04 | 早稲田大学

主務、マネージャーらサポートメンバーが支える名門校の総合力

夏合宿の合間に開催される日本インカレの〝戦い〟は難しい。強化を優先する大学もあるなかで、早稲田大は結果を優先。4人中3人が「入賞」を果たして、チームが勢いづいた。

主将
安井《やすい》雄一《ゆういち》選手
4年生

永山博基《ながやまひろき》選手
3年生

晩夏の日本インカレと仕上げの夏合宿

例年、9月上旬に大学生の全国大会である日本インカレが行われる。2017年は福井で開催され、桐生祥秀（東洋大）が男子100mで9秒98をマーク。日本人として初めて〝10秒の壁〟を突破し、注目を集めた。

日本インカレはリレーを含めて男女44種目が行われるが、箱根駅伝を目指すランナーにとっては、非常に悩ましい大会でもある。総合優勝を狙う大学は長距離も総動員することが多いものの、夏合宿で走り込んでいる期間であり、スピードが問われるトラックで戦うのは難しいからだ。加えて、暑さもあり好タイムは期待できない。

そのなかで前年に続いて〝好結果〟を残した大学がある。箱根駅伝で13回の優勝を誇る名門・早稲田大だ。長距離種目に4人が出場。目標にしていた「全員入賞」には届かなかったものの、光延誠（4年）が5000mで6位、太田智樹（2年）が1万mで7位、吉田匠（1年）が3000m障害で6位に入った。

箱根駅伝を目指すチームは、日本インカレ後も再び夏合宿に入り、駅伝シーズンに向けて徐々に仕上げていく。

夏合宿の初期（8月前半）には、クロカン走（起伏のある芝生などを走る）などでじっくりと「脚づくり」をして、8月後半には20～40㎞などの距離走を中心としたメニューで走り込む。日本インカレを挟んで、夏合宿の終盤（9月後半）にはスピード練習を取り入れた実践的なトレーニングで締めくくる。

日本インカレで勢いを取り戻した早稲田大は、不本意だった前半シーズンから一転。9月にチームが大きく変貌した。

日本インカレで立て直しに成功

5000mと1万mでダブル入賞を果たすなど、16年の日本インカレを席巻したのが早稲田大だ。夏合宿の真っただ中に開催される大会だけに、出場を回避する大学もあるが、そのなかで、大会にしっかりと合わせて、そして結果を残した。

日本インカレの結果

［1500m（9月8日）］

❶舟津彰馬（中大2）4:01.31 ❷清水鐘平（山梨学大3）4:01.46 ❸田母神一喜（中大2）4:01.51 ❹井上弘也（上武大4）4:01.77 ❺駒山魁都（日本薬科大4）4:01.95 ❻館澤亨次（東海大2）4:01.97 ❼小林航央（筑波大3）4:02.07 ❽野口雄大（順大1）4:02.23

［5000m（9月9日）］

❶レダマ・キサイサ（桜美林大2）13:35.19 ❷パトリック・ワンブィ（日大3）13:46.60 ❸阪口竜平（東海大2）13:47.85 ❹坂東悠汰（法大3）13:52.45 ❺館澤亨次（東海大2）13:52.98 ❻光延誠（早大4）13:57.23 ❼野中優志（関西学大4）13:59.75 ❽山本修二（東洋大3）14:00.77

［10000m（9月8日）］

❶サイモン・カリウキ（日本薬科大3）28:20.50 ❷パトリック・ワンブィ（日大3）28:21.85 ❸西山和弥（東洋大1）28:44.88 ❹塩尻和也（順大3）28:47.50 ❺松尾淳之介（東海大2）28:50.94 ❻ジェフリ・ギチア（第一工大3）29:08.67 ❼太田智樹（早大2）29:09.06 ❽石井優樹（関西学大2）29:14.08

［3000m障害（9月10日）］

❶塩尻和也（順大3）8:34.80 ❷三上嵩斗（東海大3）8:45.45 ❸滋野聖也（星槎道都大3）8:47.42 ❹青木涼真（法大2）8:51.06 ❺田村丈哉（帝京大2）8:57.09 ❻吉田匠（早大1）8:58.14 ❼野田一輝（順大2）8:59.26 ❽才記壮人（筑波大M1）9:01.31

早稲田大は日本インカレの活躍を自信に学生駅伝でも活躍。16年は全日本で2位、17年の箱根で3位に食い込んだ。しかし、その中心選手だった平和真(現・カネボウ)、武田凜太郎(現・ヤクルト)、鈴木洋平(現・愛三工業)、井戸浩貴が卒業したこともあり、今季の早稲田大は〝低迷〟した。

トラックシーズンでは5000m13分台、1万m28分台に誰も到達することができなかった。就任3年目となる相楽豊駅伝監督は、「チームの柱であった学年が卒業したので、その穴をどうやって埋めるのか。

17年は4学年で選手が29人と、近年では一番少ないので、育成強化が課題でした」と話す。その育成が前半シーズンではうまくいかなかった。

早稲田大はスポーツ推薦枠が少なく、長距離で入れるのは毎年3~4名ほど(他の強豪大学は10名ほどのスポーツ推薦枠がある)。付属校からの進学、指定校推薦、一般入試を経て入部する選手もいるが、今年は3・4年生が6名ずつしかいない(長距離の選手のみ)。そのため、相楽監督は「いかに主力を故障させないで、スタートラインに立たせるか」を考えてきたという。

そのなかで迎えたのが9月の日本インカレだった。長距離種目に4人が出場して、光延誠（4年）が5000mで6位、太田智樹（2年）が1万mで7位、吉田匠（1年）が3000m障害で6位に入り、ようやく〝上昇ムード〟をつかみつつある。

「日本インカレに出場するメンバーは合宿後半からある程度、調整をさせましたが、昨年（16年）よりはギリギリまで強化を優先して、トレーニング量を落とさずに臨みました。5000mの13分台、1万mの28分台が誰も出なかったのは、私がコーチになってから初めてのことだったので、これは『まずいな』と。関東の大学の多くは夏合宿の疲労がある状態で出てきていると思うので、一番大切なのは自分たちが目指すレースをあの場でできるか。スタートリストを見て、『全員入賞』という目標を掲げました。5000mで1年生の宍倉（健浩）が14位でしたけど、それ以外は入賞できました。春から見ればだいぶ立て直しができたかなと感じています」

日本インカレ後、Aチームは東北（蔵王、奥州、一関）で3次合宿（9月13～25日）に入ると、そこで素晴らしい動きを見せた。

「岩手での合宿は十数年間、同じようなメニューをこなしています。コンディションが違うので一概には比べられませんが、ポイント練習は前年と同等、メニューによっては上の5～6人は前年よりもいいタイムで来ました。柱をつくるというところはある程度うまくいったのかなと思います」

合宿最終日には、例年の恒例行事である10マイルのトライアルを実施。上位は前年とそん色ないタイムだったという。出雲駅伝にはAチームの10名（安井雄一、光延誠、藤原滋記、石田康幸、永山博基、清水歓太、太田智樹、新迫志希、宍倉健浩、吉田匠）をそのままエントリーした。

しかし、Aチームと〝11番目の選手〟とはタイム差がかなり開いた。箱根駅伝を見据えると、選手層の部分で不安があるという。

「中下位層を鍛えないと、箱根は駒不足で悩むのかな。AとBのメンバーでは、スピードが違うこともあり、Bの選手たちには、『箱根だけを見ろよ』と言っています。夏合宿でもBチームは、2・3年生を中心にいい競争をしているので、1人でも多く、箱根のメンバー争いに絡む選手が出てきてほしいですね」

日本インカレで結果を残して、3次合宿も好感触。ようやく勢いがついてきた感じはあるが、今季の早稲田大は苦しいシーズンを過ごしてきた。

穏やかな主将・安井がキレた日

全日本で2位、箱根で3位という成績を残すも、主力だった4年生が卒業。新チームとして、最初に挑んだのが、ユニバーシアード・ハーフマラソン代表の獲得だった。他の強豪校と同じく、大挙してユニバ代表選考会となる3月の学生ハーフに出場した。しかし、安井雄一（4年）の40位（1時間4分05秒）が最高と結果はボロボロだった。

学生ハーフの悔しさを安井は練習日誌にこうぶつけている。

今日はユニバーシアードを狙っての試合だったが、全く思うような走りができなかった。ハイペースにビビり、後ろに下がってしまった。そのまますずるずる後ろで走り、最後に少しずつ拾っていってゴール。何も残せず収穫がなかった。試合後に相楽監督からは、なぜいかないのか、なぜビビるのか。お前の良さの思いっきりいくレースはどうしたと言われて、改めて自分自身何やってんだと思った。見ている人を楽しませる、先頭で名前を呼ばれるような走りをする。自分の殻を破れ!!!

主将・安井雄一の練習日誌。学生ハーフの不甲斐ない走りを反省して、厳しい言葉を書き綴っている。

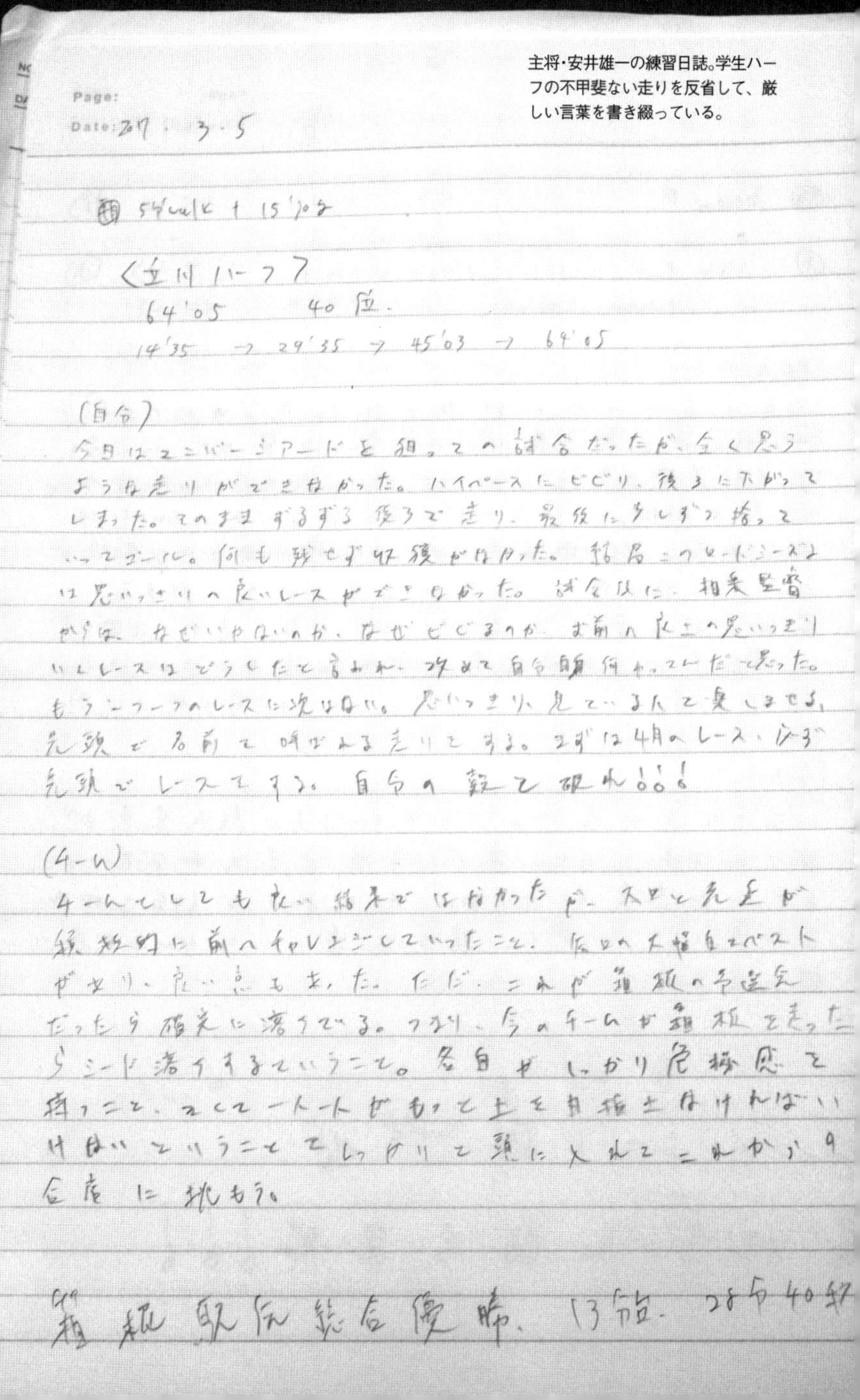

Page:

Date: 2017・3・5

朝 5kwalk + 15'20

〈立川ハーフ〉

64'05　40位

14'35 → 29'35 → 45'03 → 64'05

(自分)

今日はユニバーシアードを狙っての試合だったが、全く思うような走りができなかった。ハイペースにビビり、後ろに下がってしまった。そのままずるずる後ろで走り、最後に少しずつ拾っていってゴール。何も残せず収穫がなかった。結局このロードシーズンは思いっきりの良いレースができなかった。試合後に、相楽監督から「なぜいかないのか、なぜビビるのか。お前の良さの思いっきりいいレースはどうした」と言われ、改めて自分は何やってんだって思った。もうこのハーフのレースに次はない。思いっきり、見ている人を楽しませる。先頭で名前を呼ばれる走りをする。まずは4月のレース、必ず先頭でレースをする。自分の殻を破れ!!!!

(チーム)

チームとしても悪い結果ではなかったが、大口と光正が積極的に前へチャレンジしていったこと。原口の大幅自己ベストがあり、良い点もあった。ただ、これが箱根の予選会だったら確実に落ちている。つまり、今のチームが箱根を走ったらシード落ちするということ。各自がしっかり危機感を持つこと、そしてチーム全体がもっと上を目指さなければいけないということをしっかりと頭に入れて、これからの合宿に挑もう。

94

箱根駅伝総合優勝。13分台。28分40秒

これが箱根の予選会だったら確実に落ちている。各自がしっかり危機感を持つこと。そして、一人一人がもっと上を目指さなければいけないことをしっかりと頭に入れて、これからの合宿に挑もう。

3月後半の鴨川合宿では、『変わる』というスローガンを持って取り組んだが、チームの雰囲気に変化はなかった。5月の関東インカレではハーフマラソンで石田康幸（4年）と安井が5位と6位に入ったものの、5000mと1万mでは入賞ラインに届かない。7月のホクレン・ディスタンスチャレンジでも好タイムは出なかった。

そして、夏合宿中だった8月上旬に〝事件〟は起きた。

「ふざけんな。俺は真剣に練習をして、この合宿で変わろうとやっているのに、お前らみたいな態度を見ていると、すごくイライラする。この後のミーティングは、俺はやらないから」と主将の安井が叫んで、毎日行っていた全体ミーティングの参加を拒否したのだ。

その後、4年生を中心に、「俺たちが悪かった」と謝罪すると、翌日から練習の雰囲気が変わり始めた。普段は温厚で、やさしい主将の〝心の声〟が、チームを刺激したのだ。

「僕はあまり怒らないタイプで、主将になって半年くらいは怒るようなことはなかったたんです。でも、思いを伝えよう、と。駅伝前の夏が最後の勝負。僕の言動で刺激を受けてくれて、緊張感が出るようになりました。それからは1つひとつの練習を真剣に取り組めるようになりましたし、僕自身も誰よりも練習をしようと決めました」

安井は箱根駅伝の後、マラソン出場を考えており、そのため夏合宿では積極的に距離を踏んでいた。

「9月は駅伝シーズン前なので、皆と一緒ですけど、7月の終わりから8月にかけては、ジョッグを長くしましたし、朝練習の15㎞を20㎞に、距離走の30㎞を35㎞にするなど、メニューにプラスして走りました」

その結果、8月は月間で1100㎞もの距離を走り込んでいる。チーム練習で40㎞走も1本こなした。「2年前は2時間40分くらいで相当きつかったんですけど、今回は2時間30分がジョギングの感覚でしたね」と、距離への対応はかなり進んでいるようだ。安井は大学2年時の東京マラソンを2時間18分09秒（33位）で走っており、今回は「2時間15分切り」を目標にしているという。

「東京五輪に向けての選考は始まっていますが、マラソンでの勝負は次の年。実業団に入って、しっかりマラソン練習を積んだ状態で、本気で戦いたいと思っています。今季はまず箱根駅伝に集中します」

安井の練習に対する姿勢もチームを奮い立たせた。そして、主将として早稲田大の9月をこう評価する。

「日本インカレでまずまず目標を達成できて、長距離としては合格点だと思います。その後の3次合宿も例年以上のタイムで走れましたし、質、量ともにいい内容の練習ができました。今年のチームは『弱い』と言われてきたんですけど、昨年や一昨年のチームを超えるくらいの気持ちでやってきて、それくらいの力がついてきています。駅伝シーズンはおもしろいと思いますよ」

故障にもがき苦しんだ3年生エース

トラックシーズンで早稲田大が輝けなかった理由のひとつにエース永山博基（3年）の戦線離脱があった。16年は全日本大学駅伝の4区で区間賞を獲得すると、八王子ロングディスタンスの1万mで2年生以下の日本人で最速タイムとなる28分25秒85をマーク。早稲田の「エース」と呼べるほどに成長した。箱根駅伝では2区での活躍が期待されていたが、12月22日の朝に異変が起きた。

「朝起きたら右腓骨《ひこつ》が痛くて。その痛みがどんどん増してきたんです。凄く調子が良かったんですけど、その後は軽いジョッグが中心で、最後に刺激を入れただけでした。直前にケガをしてしまって不安な気持ちで年末を過ごしました。予定としては1区か2区のどちらかで、2区に行く覚悟はしていたんです。チームとしては全日本で2位に入り、手応えを感じていたので、迷惑はかけられないと思っていました」

相楽監督は永山の状態を「80～90％」と読みながらも、花の2区に起用。「1時間8分30秒」という設定タイムを立てていた。結果は1時間8分50秒で区間10位。3位から6位に順位を落として、「すごく悔しい箱根駅伝でしたね」と永山は振り返る。その後も、うまく流れに乗ることができなかった。

全国都道府県駅伝に出場するも、右腓骨が完治せずに、2か月ほどは治療に専念した。練習再開後は、ユニバーシアードの1万m代表選考レースとなっていた4月23日の兵庫リレーカーニバルを目指していたが、1週間前に左アキレス腱を痛めて欠場。5月末の関東インカレも回避した。

7月のホクレン・ディスタンスチャレンジ網走大会で5000m（14分21秒74）に出場

したものの、前半のトラックシーズンは「故障」との戦いになった。夏合宿も自分の脚を気にしながらトレーニングを積んできた。日本インカレは1万mにエントリーしていたが、脚に違和感が出たため、出場を見送っている。

練習日誌にはあまり感情的なことは書かないという永山だが、9月6日の練習日誌には素直な気持ちを綴《つづ》っている。

少しずつ良くなってきているが、まだ少し怖い……。
流しを少し。昼から治療渡辺さん。
はりの痛み、体のだるさ少し残っている。

9月28日の練習日誌にも、「痛みと痛くなりそうな怖さ」と短い言葉ながらも、脚への不安を吐露している。合宿中もメニューによっては個別で行うなど、慎重に取り組んできた。それでもエースの状態は確実に上向いてきているようだ。

「日本インカレは出られませんでしたが、7月下旬から少しずつ練習が積めるようになってきました。前年の自分と比べたら、全然まだまだ。当時の状態には及びませんが、今は

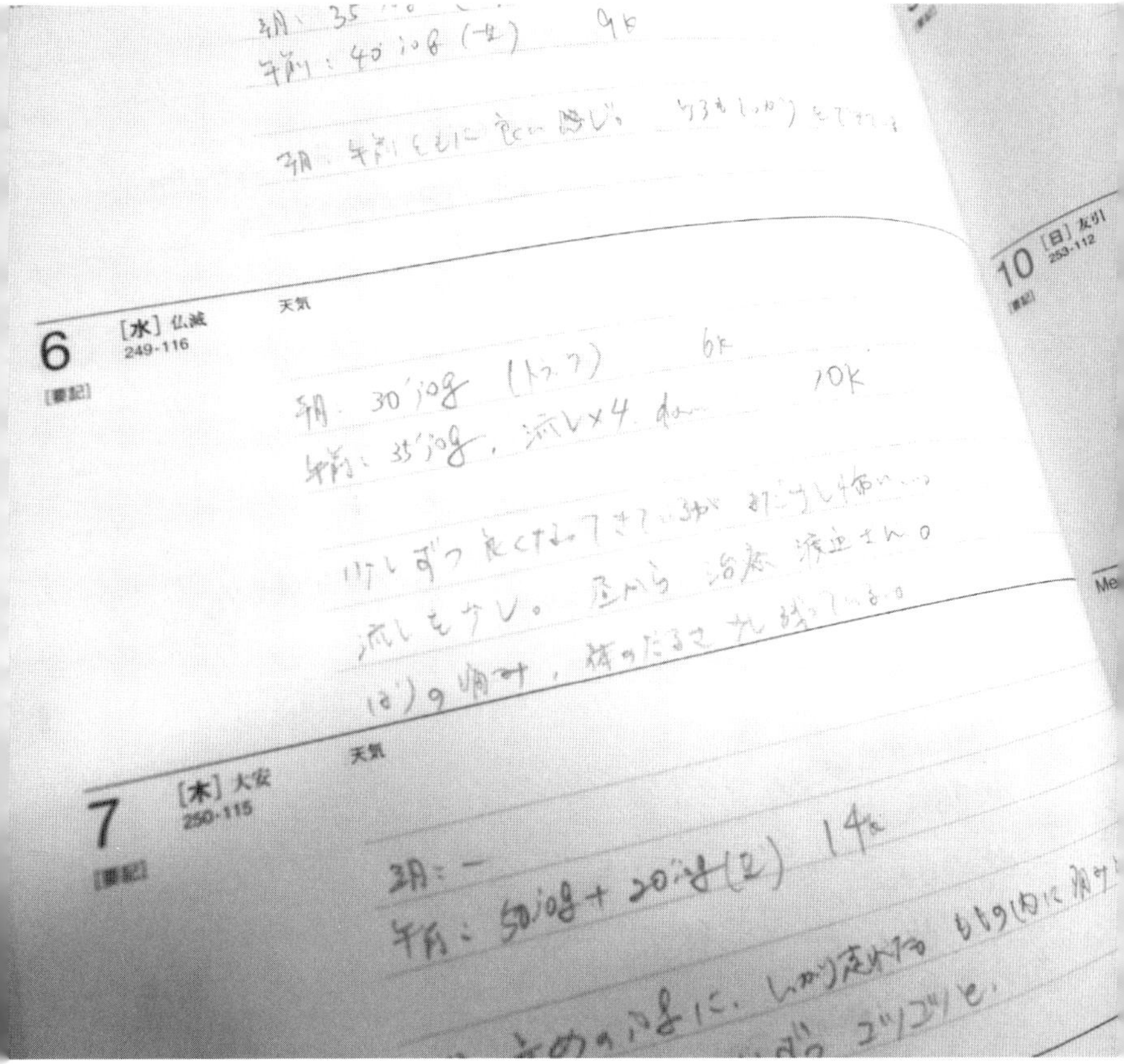

9月6日の練習日誌には、「まだ少し
怖い……」と綴っている永山博基。
日々、不安と戦っている。

大丈夫です」と永山。相楽監督も「夏合宿は基礎から作って、いい練習ができていたんですけど、日本インカレは10日ほど前に脚に違和感があるということで、調整が間に合わなかった。3次合宿が終わって、最近の状態はいいですよ」と話している。

永山がもがき苦しんでいるなかで、「エース」の座を脅かすような選手が現れた。それが2年生の太田智樹だ。

エースの座を狙う2年生の本気

就任3年目を迎えた相楽監督が、初めて「勧誘」した学年が現在の2年生になる。長距離のスポーツ推薦枠は3~4枠しかないなかで、相楽監督が真っ先に声をかけたのが浜松日体高校の太田智樹だった。

太田は高校2年時の全国都道府県駅伝で1区を4位と好走。全国高校駅伝を制した世羅高校のエースだった新迫志希とともに相楽監督は高く評価した。「トラックは新迫、ロードは太田だと思って声をかけました」という。

ルーキーイヤーから新迫と太田は活躍した。新迫は日本インカレ5000mで4位に食い込み、駅伝は出雲（2区／区間12位）と全日本（5区／区間2位）に出場。対する太田は全日本（7区／区間3位）と箱根（8区／区間14位）を走っている。

「全日本はまずまず良かったんですけど、箱根は悔いの残るレースになりましたね。応援の量はけた違いでしたし、走る前からあがってしまいました。全日本よりも緊張して、前日も全然眠れなかった。調子も良くなかったんですけど、ある程度まとめられると思ったのに走れなくて……」と太田。箱根は不発に終わったが、17年は格段に力をつけた。

5月の関東インカレは1万mで9位と入賞を逃したものの、9月の日本インカレは1万mで7位に入った。

「8月の合宿で手応えをつかんだので、入賞はいけると思っていましたし、自己ベストを（29分09秒06）更新できたのも良かったです。でも、他大学の2年生や1年生に負けたので、課題はあるのかな」と太田は満足していない。

日本インカレ後の3次合宿では、「ちょっと疲れた部分もあったので、前半は少し休みながら、うまく疲労をコントロールして、後半の方はみんなと一緒にやっていくなかで、いい練習ができたかなと思います」と手応え十分。例年と同じメニューをこなすなかで、太田は練習で〝過去最速タイム〟を叩き出している。

ロードでの３㎞×４本というメニュー（１本目と３本目は上り基調で、２本目と４本目は下り基調という往復コースで実施）。設定タイムは１本目と２本目が８分40秒、３本目が８分30秒、最後の１本はフリーだった。17年は１本目が８分40秒、２本目が８分30秒、３本目も８分30秒。最後の１本は、太田が７分50秒で爆走した。

太田本人は「意外と速かったですね」とそっけないが、主将の安井によれば、「例年、ラスト１本は８分５秒くらいでトップなんですけど、今年は僕が８分00秒で、８分５～６秒でも３～４人がゴールしました。太田の７分50秒というタイムは、この７～８年のなかで一番速いんです」と驚いていた。そして、「太田が急激に力をつけてきているので、チームのエースになってくれそうです」と期待をかけた。

相楽監督も「春は記録に結びつかなかったですけど、夏合宿は安井に負けないくらいの練習量を積んで、ポイント練習なんかはチームのなかで頭ひとつ抜けています。日本インカレでも入賞しましたし、得意のロードではもうひと化けするかな。順調にいけば、箱根では往路の主要区間で行ってもらいたいと考えています」と太田の成長を評している。

そんな急上昇中の太田が最も意識しているのが、１学年上の永山だ。「永山さんは16年に、タイムも結果も出していて、ひとつ上の存在だと思っています。自分の世界を持って

3年生エース・永山博基（左）の背中を追いかけている2年生の太田智樹は今季急成長している。

いて、自分のカラダにも敏感なので見習うことがたくさんあります。永山さんが早稲田のエース。一番身近にいる強い選手だと思っているので勝ちたいです！」と闘志を燃やす。

永山も太田の熱視線には気づいているようで、「最近、意識されていることは分っていますし、それはうれしいことです。自分とチームを高めあっていくなかで、大切な存在になると思います。こっちも刺激を受けていますよ」と話す。

今季は永山が別メニューになることが多く、一緒に練習する機会はあまりなかった。だが、永山の状態が上がってきたことで、練習でも「永山vs太田」というシーンが見られるようになる。ふたりが〝エース〟の座をかけて激突することでチームはさらに活性化するだろう。

適材適所のメンバーで総合Vを目指す

前回メンバーのうち4人が卒業するも、2区（永山博基）、5区（安井雄一）、6区（石田康幸）、9区（光延誠）の主要区間が残っている早稲田大は、正月の箱根駅伝で〝総合V〟を目指している。

相楽監督は、「選手層が薄いチームなので、山は5区安井、6区石田という経験者に走ってもらうのが一番安定するんですけど、逆にいうと平地区間がギリギリなんです。ふたりとも関東インカレのハーフマラソンで入賞しているので、5区、6区にスペシャリストが出てくれれば、平坦区間にまわすことができる。選択肢はあった方がいいですね」と話しているが、チームにとって「5区安井」は大きな攻撃力になるだろう。

前回の安井は1時間14分07秒で区間4位。前々回には2・5㎞長かった5区を1時間21分16秒で走破していることを考えると、明らかに物足りなかった。

安井はトップの青山学院大と1分29秒差の2位で走り出すも、「最初からガツガツいく走りをしようと思ったんですけど、緊張とプレッシャーでうまく走り出せなかった」と、大平台（7・0㎞地点）で1分56秒差までリードを広げられた。その後、本来の動きを取り戻して、青山学院大との差を詰めていくが、追いつくことはできなかった。

「得意の山で往路優勝をするという役割を任されていたのに、33秒届きませんでした。後半巻き返せたんですけど、最初から強い気持ちで自信を持って攻めてれば、青山学院大に追いつくだけでなく、リードを奪えたかもしれない」と安井。前回、往路Vを逃した悔しさと、主将としての意地を最後の箱根駅伝にぶつけるつもりだ。

「今回は4年間で一番練習をしているので、自信を持ってスタートラインに立ちたい。任されたところで区間賞を獲るのが目標です。僕が5区を任される可能性は高いですし、僕自身も走りたいと思っています。前回のリベンジもあるので、前回より3分くらいは速く走りたい。それくらいではいける自信はありますよ」

前回の区間トップは駒澤大・大塚祥平（現・九電工）の1時間12分46秒。安井が5区を1時間10分台で走ることができれば、「山の神」クラスのインパクトを残すことができるだろう。

5区の安井に好位置でタスキをつなぐことができるのか。それが今回の早稲田大のテー

主将・安井雄一の部屋には、自分を奮い立たせるために、いくつもの言葉が飾られている。

マになる。前回は1区（武田凜太郎）、3区（平和真）、4区（鈴木洋平）の4年生が好走して、4区終了時で2位につけたが、2年生で花の2区を担った永山は1時間8分50秒で区間10位と伸び悩んだ。

「前回はどちらかというと1区と3区が強く、『つなぎの2区』みたいなところがあったと思います。今回はエースとしてしっかり勝負して、勝ち切ることが自分の役目。前回の箱根が終わってから自覚してここまでやってきたので、出雲、全日本、箱根と徐々に上げていきたいですね。4年時には1時間6分台を狙いたいので、1時間7分30秒前後を目標にしています。最低でも前回の目標でもある1時間7分台は出したいです」

3年生エースが〝完全復活〟を告げる快走ができれば、エンジのタスキが序盤から躍進するはずだ。そして、今季急成長中の太田智樹（2年）がチームに〝勢い〟をつける。

「一番の目標はチームが勝つことです。それに見合った走りができるか。どの区間を任されたとしても、チームの優勝につながる走りがしたいです。その結果として区間賞がついてくればいい。2区というよりも、個人的には1区をやりたい。最初にタスキを渡したいんです」

1区太田で好スタートを切り、2区永山で上位につける。そして、5区安井が大逆転で往路優勝のゴールに飛び込む。そんな光景をチームはイメージしている。最多タイとなる14度目の総合Vへ。日本インカレと夏合宿を経て、チームのかたちが整いつつある。

選手から涙のマネージャー転身

17年の早稲田大には4年生の長距離選手が6名しかいない（他に男子マネージャーが2名）。しかし、1年時の春には22～23名の長距離部員がいたという。強豪大学ではすべての選手を部員として受け入れているわけではない。実力が〝規定〟に満たない選手は、早々に退部するのが大半だ。

加えて、2年生の時点で、選手のなかからマネージャーを1名出すという大学も多い。早稲田大の主務・鈴木皐平（4年）もそうやって選ばれた。

中学の頃からエンジに「W」のユニフォームで、箱根駅伝を走ることを夢みてきた。2011年の箱根駅伝。鈴木は早稲田大が「駅伝3冠」を達成したときに、一般入試で入学して、5区を好走した猪俣英希の姿に心を奪われたという。愛知県出身の鈴木は、名古屋の強豪私立高校から誘われたものの、「進学校に行くのが早稲田大への近道」と判断。地元の県立進学校である時習館高校に入学した。

高校2年時には5000mで14分54秒をマーク。長距離選手としても、箱根駅伝を狙える大学にスポーツ推薦で入学できるほどのタイムを残すと、一般受験で早稲田大に合格した。しかし、超名門校での〝箱根駅伝への道〟は想像以上に険しかった。

「受験勉強でカラダが鈍っていたこともあり、レベルの差に愕然《がくぜん》としましたね。僕らの学年は5000mで14分台に匹敵する選手が20人近くいたんですけど、徐々に少なくなっていきました。実力が足らずに退部した選手が大半で、12月には8人になっていました」

早稲田大は2年生の夏に学年から主務候補となる部員を1名出すというのが慣例になっ

ている。1年生の箱根が終わった後に、スタッフから鈴木、河合祐哉、中山智裕の3人が呼ばれて、「このなかからマネージャーを出すから」と言われたという。他の選手は5000mで14分20秒以内のタイムを持っており、実力差は明白だった。

「3人のなかで僕が一番結果を出していなかったんです。夏合宿では高校時代の倍近い距離を走りましたが、オーバートレーニングから鬱ぽくなってしまって。やめようとは思わなかったですけど、なんとなく察しましたし、余計に歯車が狂った感覚はありましたね」

箱根駅伝に出場できるのは10人。そのレギュラー争いだけでなく、チーム内では下位グループだった鈴木、河合、中山の3人にも〝見えないバトル〟があった。なかでも河合は鈴木と同じ時習館高校の出身。一緒に練習をしていて、気まずさがあったという。

そして2年生の7月下旬。学年ミーティングで鈴木がマネージャーに選ばれた。

「僕は泣き虫なんですけど、その場では泣きませんでした。でも、ミーティングが終わって、ひとり暮らしの部屋に帰ってから泣きましたね。ひたすらひとりで泣きました。悔しくて。精神的にも参っていたので、最後の記録会を走った後に、『やっと解放される』という気持ちもあったんです」

マネージャーへの転身が決まると、河合の方からご飯に誘われたという。

「高校時代から一緒にやってきた河合から『俺は今まで通り頑張るから』と言われて、それで腹をくくれた部分もあったのかなと思います」

鈴木は専任だったが、中山は選手兼任で、途中から専任のマネージャーになった。結局、3人のなかで河合だけが、選手として夢を追いかけている。

「他のマネージャーもそうだと思いますが、今でも走れるものなら走りたい。ポイント練習を見ていても、自分が1年生のときの方が走れていたなと思うことはありますよ。失意のなかマネージャーになったわけですけど、自分はマネージャーになって正解だなと思うくらい才能の差も感じています」

マネージャーはスタッフと選手の間に立ち、チーム全体をマネジメントするだけでなく、事務的な作業も少なくない。週に3回あるポイント練習の結果（タイムなど）をエクセルに打ち込むのは主務候補の男子マネージャーの仕事だ。電車での移動中に仕事ができるようにモバイルPCも購入したという。箱根を走るという夢は絶たれたが、鈴木は今の自分が嫌いではない。

「マネージャーになって、人間的に成長できたと思います。監督、コーチ、選手だけでなく、外部の方と関わる機会も増えたので、選手時代よりも、まわりが見えるようになりました。選手たちが苦しんでいるところも見ているので、選手が好タイムを出したときは素直にうれしいですし、同期がインカレで入賞すると本当に良かったなあと思いますね」

主務の鈴木が舞台裏でチームを支えていることを選手たちも理解している。主将の安井雄一は、「早稲田は主務を学年のなかでひとり出さないといけないんですけど、『おれがやる』と皐平が言ってくれて。その時点で彼は陸上人生を終えて、チームのために主務を引き受けてくれたことを他の選手は忘れてはいけない。皐平の分まで僕らは走りたいと思います」と感謝の気持ちを持っている。

そんな鈴木は今年のチームをどう見ているのか。

「前年の4年生が持っていたような華やかさは正直ありません。でも、今年（17年）の早稲田は地味に強いと思いますよ。この夏で一気に変わりました。夏合宿は4年生が中心に引っ張り、過去の5年間と比べても、今年が一番できているくらい。やることはやったので、あと足らないのは結果だけです。箱根で一番力を出せるチームだと思うので、出雲、全日本と順位を上げていきたい。箱根では地味に3～4位につけて、強みのある山（5区と6区）でトップを奪って、そのまま勝てたらいいですね。それが理想です」

1月3日の大手町。泣き虫だという鈴木の目から〝うれし涙〟があふれるかもしれない。

女子マネの箱根駅伝と就職活動

早稲田大競走部の門を叩くのは、鈴木のように選手として箱根駅伝を目指す者だけではない。荘司結有（4年）は「女子マネージャー」になりたくて、早稲田大に入学している。

2011年の箱根駅伝で早稲田大は駅伝3冠を達成した。大手町のゴールで、選手たちが「都の西北」を歌っている場面をテレビで観て、そのとき女子マネージャーが号泣しているシーンに気持ちを揺さぶられたという。その後、陸上専門誌が発行した特集号のなかで早稲田大OBである竹澤健介の「女子マネージャーが大手町で泣いていましたが、こういうサポートがないと総合優勝は成し遂げられません」というコメントを読んで、高校時代は短距離の選手だった荘司は、自らマネージャーになることを選んだ。

「高校時代は自分も競技をしていたので、支えるという観点がなかったんです。優勝できるようなサポートとはどういうものなのか。すごく興味を持って、それからは早稲田大の競争部でマネージャーをやろうという気持ちが強くなりました」

早稲田大のマネージャーはブロック関係なしに全体を見るということになっているが、

マネージャーの荘司結有（左）と主務の鈴木皐平。選手たちを影でバックアップしてチームを支えている。

長距離は合宿が多いため、男子マネが男子長距離に帯同。女子マネは男子長距離以外のブロックを担当することが多いという。

女子マネは、グラウンドでのタイム計測、給水、動画撮影だけでなく、インカレや記録会などの大会エントリー、試合結果をエクセルにまとめるのも仕事になる。また対抗戦や記録会などの大会運営も女子マネが中心で動いているという。選手以上に競走部に関わる時間がある一方で、アルバイトは禁止されている。

自分のためではなくチームのために動く。そこには、お金には変えられない経験と感動があるが、きれい事だけでは済まされない現実も知ることになる。

「外から見ているときれいな部分しか見えないですけど、いざ入ってみると、自分が見ていたものは氷山の一角でしかなかったことに気づかされました。箱根駅伝で優勝すれば感動シーンがクローズアップされるんですけど、選手からマネージャーに転向する人がいることも知らなかったですし、誰が出る、出ないで、選手同士がバチバチすることもあります。知らなかったことを知られたということは、自分と陸上の関わりもそうですけど、自分が世の中に出ていくうえでもいい経験だったと思います」

就職活動ではマスコミを志望していた荘司は、「小さなコミュニティーではなく、幅広い人たちとも会ってみたい」とスポーツ科学部のある所沢キャンパスだけでなく、早稲田キャンパスでの授業も積極的に受けに行ったという。

「学生の大半は部活をやっているわけでもなく、サークルといっても、就活が始まれば自然と終わっていくものがほとんど。どんどんインターンに出かけて、2~3月に内々定が出ている人もいたんです。部活もあるし、就活もやらなきゃいけないし、自分の夢もかなえたい。3月あたりは気持ち的にきつかったですね。就活で部活を抜けることに理解してくれる人と、そうでない人がいたので、申し訳ないと思いながら練習を抜けていました」

苦悩のなか、マネージャー業務と並行して就活に挑んだ荘司は、全国紙、通信社、放送局から内定をゲット。第一希望だった地方紙への就職を決めた。就活では名門陸上部のマネージャーで積んできた経験が評価されたという。

「新聞記者は自分の意見を言わないといけない仕事なので、マネージャーの活動を通して何を感じ、どういうことに気をつけてきたのか。それが聞いてもらえたかなと思います」

早稲田大競走部のなかには多くの部員が、それぞれの役割を果たして、様々な思いが交錯している。そのなかで臨む箱根駅伝。走る10人だけでなく、サポートを担う部員を含めて、チームとしての〝総合力〟が問われる戦いでもある。

中央大学陸上競技部

箱根駅伝は90回出場。最多14回の総合優勝を誇る名門だが、近年は低迷。前回は予選会で落選して、連続出場が「87」で途切れている。今季は就任2年目の藤原正和駅伝監督のもとで強化が進み、予選会を3位で通過した。

堀尾謙介《ほりおけんすけ》選手
3年生

中山顕《なかやまけん》選手
3年生

藤原正和《ふじはらまさかず》監督

10月 | 05 | 中央大学

予選会の悲劇から1年。新チームがあげた伝統校復活の狼煙

前回44秒差で散った中央大が予選会を3位で突破。
2年生主将・舟津彰馬を軸に団結した名門校が
伝統の「C」のユニフォームで新たな歴史をつくるか

主将
舟津彰馬《ふなつしょうま》選手
2年生

竹内大地選手
4年生

スピード勝負の出雲駅伝と歓喜の箱根予選会

駅伝シーズンは体育の日（10月の第二月曜日）に行われる出雲駅伝からスタートする。1989年に始まり、学生三大駅伝（出雲、全日本、箱根）のなかでは一番歴史が浅い。しかも区間が全6区間と少なく、距離も短い。各区間の距離設定は、1区8・0km、2区5・8km、3区8・5km、4区6・2km、5区6・4km、6区10・2kmとなる。

今回は3連覇を目指す青山学院大とスピードにこだわってきた東海大の〝2強対決〟が予想され、東海大が10年ぶりの優勝を果たした。

東海大は1区阪口竜平（2年）で飛び出すと、青山学院大は今季、故障で出遅れていた田村和希（4年）が2区で区間新の快走。3区は青山学院大・下田裕太（4年）が東海大をかわして首位に立った。しかし、東海大は4区鬼塚翔太（4年）が青山学院大を再逆転して、14秒のリードを奪う。5区三上嵩斗（3年）が区間賞、最終6区の關颯人（2年）

も区間賞で締めくくった。

2位は青山学院大で、終盤に順位を上げた日本体育大が3位に食い込んだ。エース塩尻和也（3年）が3区で区間賞を獲得した順天堂大が4位、山本修二（3年）で浮上した東洋大が5位。神奈川大はエース鈴木健吾（4年）を外しながら6位に入った。1区で13位と出遅れた駒澤大は7位、最終6区で急降下した中央学院大が8位。エース永山博基（3年）が3区で区間11位に沈んだ早稲田大は9位に終わった。

3位の日本体育大から9位の早稲田大までは1分45秒という僅差。全日本大学駅伝、箱根駅伝では大混戦になりそうな雰囲気が漂っていた。

出雲駅伝の5日後には箱根駅伝の予選会（10月14日）が行われた。「駅伝」は1本のタスキを選手たちが順次つなげていく競技だが、同予選会はタスキを用いない。各校10名以上12名以下が20㎞レースに出場し、上位10位の合計タイムで争われる。

人数的には〝余裕〟があるため、総合力が高ければ通過は固いはずだが、そんなに簡単なものではない。「予選会は魔物」と表現する監督もいるほど、難しい戦いが待ち構えている。これまでも通過確実と見られていた大学が、昭和記念公園で涙を流すシーンを何度も見てきた。近年は多くの大学が「集団走」を活用するなど、その戦いも戦略的になって

【網掛け:区間新記録】　上段:総合記録　下段:区間記録

第3区 8.5km	第4区 6.2km	第5区 6.4km	第6区 10.2km
久保田和真(青山学院大) 24:11【27回】	鈴木洋平(早稲田大) 17:34【28回】	安藤悠哉(青山学院大) 17:43【28回】	ギタウ・ダニエル(日本大) 28:17【21回】
松尾淳之介 1:04:34③ 25:11④	鬼塚翔太 1:22:46① 18:12①	三上嵩斗 1:42:01① 19:15①	關颯人 2:11:59① 29:58①
下田裕太 1:04:29① 24:48③	小野田勇次 1:23:00② 18:31②	神林勇太 1:42:38② 19:38③	橋詰大慧 2:13:32② 30:54⑥
小町昌矢 1:05:40⑥ 25:17⑥	三原卓巳 1:24:40⑦ 19:00⑧	富安央 1:43:59⑤ 19:19②	辻野恭哉 2:14:39③ 30:40③
塩尻和也 1:05:47⑧ 24:17①	栃木渡 1:24:39⑥ 18:52⑥	野田一輝 1:44:17⑦ 19:38③	橋本龍一 2:15:00④ 30:43④
山本修二 1:04:32② 24:29②	吉川洋次 1:23:16③ 18:44④	今西駿介 1:43:41③ 20:25⑩	渡邉奏太 2:15:36⑤ 31:55⑪
鈴木祐希 1:05:20④ 25:40⑩	越川堅太 1:24:15⑤ 18:55⑦	宗直輝 1:44:17⑥ 20:02⑨	大塚倭 2:15:45⑥ 31:28⑨
工藤有生 1:06:17⑩ 25:35⑦	堀合大輔 1:25:03⑧ 18:46⑤	小原拓未 1:44:59⑧ 19:56⑦	片西景 2:16:12⑦ 31:13⑦
高砂大地 1:05:23⑤ 25:38⑨	廣佳樹 1:24:04④ 18:41③	高橋翔也 1:43:52④ 19:48⑥	福岡海統 2:16:14⑧ 32:22⑭
永山博基 1:06:15⑨ 25:56⑪	新迫志希 1:25:56⑨ 19:41⑩	藤原滋記 1:45:41⑨ 19:45⑤	安井雄一 2:16:24⑨ 30:43④
ウィル・ゲイケン 1:08:27⑭ 26:05⑫	ジュリアン・ヘニンガー 1:28:01⑫ 19:34⑨	ヘンリー・スターリン 1:48:28⑫ 20:27⑪	ベンジャミン・デハーン 2:19:02⑩ 30:34②
野中優志 1:06:52⑪ 25:36⑧	小嶋一魁 1:26:51⑩ 19:59⑫	中谷一平 1:47:55⑪ 21:04⑮	坂東剛 2:19:15⑪ 31:20⑧
松舘悠斗 1:07:59⑬ 26:36⑯	舛澤凌 1:28:14⑬ 20:15⑯	齊藤正輝 1:48:51⑬ 20:37⑫	原由幸 2:20:20⑫ 31:29⑩
岩﨑祐也 1:07:07⑫ 26:22⑬	森太一 1:27:45⑪ 20:38⑱	今井崇人 1:47:43⑩ 19:58⑧	桝本剛史 2:21:45⑬ 34:02⑲
大下浩平 1:08:58⑰ 26:29⑮	山本啓輔 1:29:04⑮ 20:06⑬	柴野敏一 1:50:02⑯ 20:58⑭	堀尾和弥 2:22:10⑭ 32:08⑫
別府魁人 1:08:53⑯ 27:42⑲	久留須保壱 1:29:07⑯ 20:14⑮	西田將太郎 1:49:54⑮ 20:47⑬	屋富祖光佑 2:22:11⑮ 32:17⑬
與儀達朗 1:08:49⑮ 26:23⑭	松田隆宏 1:28:46⑭ 19:57⑪	関穂嵩 1:49:54⑭ 21:08⑯	福島弘樹 2:23:09⑯ 33:15⑯
矢走拓斗 1:09:39⑱ 27:19⑰	高橋拓海 1:29:47⑰ 20:08⑭	新舘裕司 1:51:43⑰ 21:56⑲	高橋佳希 2:24:11⑰ 32:28⑮
五十嵐大義 1:11:05⑲ 28:32⑳	合場雅志 1:32:25⑱ 21:20⑲	小林史弥 1:53:54⑱ 21:29⑰	森悠人 2:27:13⑱ 33:19⑰
島田舜平 1:13:02⑳ 27:40⑱	三井田陸斗 1:33:32⑲ 20:30⑰	平岡錬 1:55:12⑲ 21:40⑱	実近力丸 2:28:59⑲ 33:47⑱
青木涼真 1:05:45⑦ 25:11④	強矢涼太 —[—] —[—]	佐々木虎一朗 —[—] 20:19[—]	矢嶋謙悟 —[—] 32:07[—]
細江勇吾 —[—] 28:34[—]	堀晃輔 —[—] 21:05[—]	菅桂太朗 —[—] 21:28[—]	神里裕司 —[—] 33:54[—]

第29回出雲駅伝（10月9日）の結果

大会記録:青山学院大 2:09:05【27回】

順位	大学名	記録	第1区 8.0km キラグ・ジュグナ（第一工業大） 22:30【21回】	第2区 5.8km 濱滝大記（中央学院大） 15:51【27回】
1	東海大	2:11:59	阪口竜平 23:16① 23:16①	館澤亨次 39:23① 16:07②
2	青山学院大	2:13:32	梶谷瑠哉 23:54⑧ 23:54⑧	田村和希 39:41③ 15:47①
3	日本体育大	2:14:39	吉田亮壱 23:44⑥ 23:44⑥	山口和也 40:23⑦ 16:39⑨
4	順天堂大	2:15:00	清水颯大 24:46⑮ 24:46⑮	野口雄大 41:30⑭ 16:44⑪
5	東洋大	2:15:36	西山和弥 23:40⑤ 23:40⑤	相澤晃 40:03⑤ 16:23⑥
6	神奈川大	2:15:45	山藤篤司 23:18② 23:18②	荻野太成 39:40② 16:22⑤
7	駒澤大	2:16:12	加藤淳 24:27⑬ 24:27⑬	下史典 40:42⑨ 16:15③
8	中央学院大	2:16:14	大森澪 23:29③ 23:29③	横川巧 39:45④ 16:16④
9	早稲田大	2:16:24	太田智樹 23:54⑦ 23:54⑦	光延誠 40:19⑥ 16:25⑦
10	アイビーリーグ選抜	2:19:02	ジョウダン・マン 25:05⑰ 25:05⑰	ブライアン・エイミスタッド 42:22⑯ 17:17⑯
11	関西学院大	2:19:15	石井優樹 24:06⑩ 24:06⑩	川田信 41:16⑫ 17:10⑭
12	北海道学連選抜	2:20:20	滋野聖也 24:14⑫ 24:14⑫	酒井洋明 41:23⑬ 17:09⑬
13	立命館大	2:21:45	辻村公佑 24:08⑪ 24:08⑪	村武慎平 40:45⑩ 16:37⑧
14	広島経済大	2:22:10	木邑駿 25:16⑲ 25:16⑲	大沼優 42:29⑱ 17:13⑮
15	第一工業大	2:22:11	ジェフリ・ギチア 23:34④ 23:34④	城ヶ﨑大地 41:11⑪ 17:37⑱
16	日本文理大	2:23:09	北村宙夢 24:53⑯ 24:53⑯	山田泰史 42:26⑰ 17:33⑰
17	東北学連選抜	2:24:11	松浦崇之 25:12⑱ 25:12⑱	酒井洋輔 42:20⑮ 17:08⑫
18	北信越学連選抜	2:27:13	福田裕大 24:42⑭ 24:42⑭	依田航太郎 42:33⑲ 17:51⑳
19	環太平洋大	2:28:59	土居森諒 27:33⑳ 27:33⑳	黒河一輝 45:22⑳ 17:49⑲
—	法政大	—	坂東悠汰 23:55⑨ 23:55⑨	福田兼士 40:34⑧ 16:39⑨
—	岐阜経済大	—	武隈泰貴 —［—］ —［—］	沖田龍誠 —［—］ 17:45［—］

きている。

なお予選会に出場するには標準記録（有効期限内に５０００m16分30秒以内もしくは1万m34分以内の公認記録を有する者など）があり、その基準を10人が突破できないと参戦できない。そのため予選会に出場するのが目標という大学もあるほど。彼らにとっては、予選会が〝夢舞台〟になる。

今回は小雨のなかを49校５７５名のランナーが出走。過去最多９名の留学生が参戦したこともあり、高速レースになった。

レダマ・キサイサ（桜美林大２）が歴代3位の57分27秒でトップを飾ると、ドミニク・ニャイロ（山梨学大３）も57分33秒の好タイム。日本人トップは畔上和弥（帝京大３）で59分30秒だった。気象条件に恵まれたこともあり、過去最多となる22人が60分切りを果たした。

最初に10人を揃えた帝京大が歴代4位の総合タイム（10時間04分58秒）でトップ通過。以下、大東文化大、中央大、山梨学院大、拓殖大、國學院大、国士舘大、城西大、上武大の順で予選会をクリアした。

最後のイスは東京国際大で、11位の日本大とは1分31秒差だった。エース坂口裕之（3

箱根駅伝予選会(10月14日)の結果

[**総合順位**]

❶帝京大10:04:58 ❷大東文化大10:05:45 ❸中央大10:06.03 ❹山梨学院大10:06:21 ❺拓殖大10:06:27 ❻國學院大10:07:35 ❼国士舘大10:07.47 ❽城西大10:08.50 ❾上武大10:09:42 ❿東京国際大10:10:34 ⓫日本大10:12:05 ⓬創価大10:13:04 ⓭明治大10:13:05 ⓮専修大10:13:40 ⓯麗澤大10:18:46 ⓰東京農業大10:18:58 ⓱日本薬科大10:22:28 ⓲流通経済大10:22:37 ⓳筑波大10:23:43 ⓴亜細亜大10:26:32

[**個人総合順位**]

❶レダマ・キサイサ(桜美林大2)57:27 ❷ドミニク・ニャイロ(山梨学大3)57:33 ❸サイモン・カリウキ(日本薬科大3)58:11 ❹パトリック・ワンブィ(日大3)59:02 ❺ムソニ・ムイル(創価大2)59:06 ❻タイタス・ワンブア(武蔵野学大2)59:10 ❼畔上和弥(帝京大3)59:30 ❽中山顕(中大3)59:36 ❾林日高(大東大4)59:38 ❿坂本佳太(上武大4)59:41 ⓫住吉秀昭(国士舘大3)59:43 ⓬岩佐壱誠(帝京大2)59:44 ⓭原法利(大東大4)59:48 ⓮舟津彰馬(中大2)59:48 ⓯戸部凌佑(拓大3)59:48 ⓰佐藤諒太(帝京大4)59:48 ⓱堀尾謙介(中大3)59:49 ⓲西智也(拓大4)59:51 ⓳赤崎暁(拓大2)59:53 ⓴近藤秀一(東大3)59:54

年）が体調不良で欠場した明治大は13位に沈み、まさかの落選となった。

２０１６年の予選会でボーダーラインに44秒届かず、連続出場が「87」でストップした中央大は、悪夢から1年。今回は〝歓喜の予選会〟になった。

名門・中央大、新たなるスタートの日

「3位、中央大学」のコールが響くと、選手たちは喜びを爆発させた。そして、８００人もの大学関係者から温かな拍手が送られた。名門といえども、一度〝地獄〟に落ちると、簡単には抜け出せないのが近年の箱根駅伝予選会。そのなかで、中央大は1年で華麗なる復活劇を見せた。

第92回大会（16年）まで87回連続で出場して、優勝回数は最多14回。箱根駅伝でナンバー1の実績を積み上げてきたのが中央大だ。第65回大会（89年）から第78回大会までは4位が最低成績で、その後も「連続シード」を死守してきた。

しかし、第89回大会（13年）でまさかの途中棄権。28年連続シードがストップすると、前回ついに伝統の赤タスキが途切れた。

寮のファックスに心ない言葉が届くなど、超名門の落選は大きな反響があった。中央大が急降下した原因のひとつは入学してくる選手のレベルが落ちたことにある。箱根駅伝で上位にいたころは、常連校でいえば、中央大のブランド力は輝いていたが、大学のネームバリュー、偏差値が同程度の青山学院大と明治大が活躍するようになり、選手の〝流れ〟が大きく変わったのだ。

それだけでなく、選手のなかにあった「甘さ」も徐々に大きくなっていった。16年4月、世界選手権の男子マラソン代表を3度経験した藤原監督が母校に戻ってくると、チームの実情に失望感を抱くほどだった。

「4月に入ってきたときの雰囲気は、同好会並みでした。本当にちょっとずつなんですけど、良くない方向に進んでしまった。人間は楽な方に流れます。長い年月をかけて、結果が悪くても、徐々に許されてしまうような雰囲気になっていたと思います」

生活面での「緩さ」でいうと、22時までの門限を過ぎてもいい日が月に4回もあったため、それを月1回に変更。藤原監督が学生時代には認められていなかった原付バイクの使用も3・4年生はOKになっていたが、それも禁止した。そして6月の全日本大学駅伝予選会で惨敗して、藤原監督はある決断をする。当時1年生だった舟津彰馬を主将に抜擢したのだ。

さらに舟津ら数人を米国で合宿させるなど、新たな強化策を次々と実行した。すぐに結果は出なかったものの、悪夢の予選会を経て、今年6月の全日本大学駅伝予選会からチームが変わり始めた。

「総合12位で落選しましたが、通過ラインまで68秒だったんです。頑張れば手が届くということが明確に見えたのが大きかった。あのあたりからチームの雰囲気がグッと良くなってきましたね」（藤原監督）

その後、選手たちは精力的にトレーニングを積んだ。7月に800km、8月に900kmを走破するという目標を立てると、それを全員が達成。9月の日本インカレでは舟津が1500mで優勝して、チームの雰囲気はさらに盛り上がった。

そして箱根駅伝予選会。フリーで攻め込んだ中山顕（3年）、舟津、堀尾謙介（3年）の3人が59分台で駆け抜けると、5人が60分台で、残りの4人も61分台でフィニッシュ。堂々の3位で予選会を突破した。それは名門が苦しめられてきた〝負の連鎖〟を断ち切った瞬間だったと言っていいだろう。

「昨年（16年）は怒ることばかりでしたけど、今年はほとんど怒っていません。怒ってど

就任2年目の藤原正和駅伝監督。箱根駅伝では2区と5区で区間賞を獲得した中央大の絶対的エースだった。

うこうできるような世代ではないんだなということを私も学びました。自分で意識を変えられるようにという話をしています。どの大学も同じようなトレーニングをしているので、最後は気持ちの部分。駅伝は気持ち8割のスポーツだと思います」

藤原監督はロジカルな指導をする一方で、ハートの部分も大切にしてきた。そして、チームを〝熱い言葉〟で引っ張ってきたのが2年生主将の舟津彰馬だった。

1年生が名門校の主将を任された

16年、中央大は全日本予選会で〝過去ワースト〟の結果で惨敗した。藤原監督はチーム変革のスピード化を図るために、1年生に主将を委ねる〝仰天人事〟を遂行。当事者になった舟津ら現在の2年生もさすがに驚いたという。

「自分たちの学年もざわつきましたよ（笑）。中央大がそこまで落ちたというか。雰囲気もそうでしたし、練習の質もどんどん悪くなっているのかな、と。1年生とはいえ、これは自分たちの問題だと受け止めて、どうにかしなければいけないと思いました」

1年生のなかでミーティングをして、そこで舟津が新主将に選ばれた。

「中学時代はバスケ部でしたけど、中学・高校とキャプテンをやってきましたし、大学でもチームを変える人間になりたいと思っていました。その時期が思ったよりも早かったとはいえ、監督がチームにとっていい方向になると判断したと思うので、最初は戸惑いもありましたが、やらなければいけないという気持ちで取り組んで来ました」

それでも名門・中央大は〝時代の波〟に飲み込まれることになる。16年の箱根予選会は日本大と〝最後の1枚〟を争う展開になり、選手たちは祈る思いで結果発表を待った。そして、「10位、日本大学」のアナウンスが届くと、大学関係者から悲鳴があがる。沈黙するチームのなかでひとり大声を張り上げていたのが、1年生主将の舟津だった。

「予選通過はなりませんでしたけど、しっかりと変わった姿を見せられたと思います。あと一歩の順位で、本当に申し訳ありませんでした。先輩たちに文句を言う方がいたら、自分にすべてぶつけてください」

舟津の熱い挨拶に、OBや大学関係者からは「がんばれ！」という声とともに拍手が送られた。しかし、実生活では厳しい現実が待ち受けていた。陸上部の寮に電話やFAXで厳しい声が続々と届いたのだ。なかには「1年生にキャプテンをやらせるから予選落ちするんだ」と舟津を名指しで非難する者もいた。

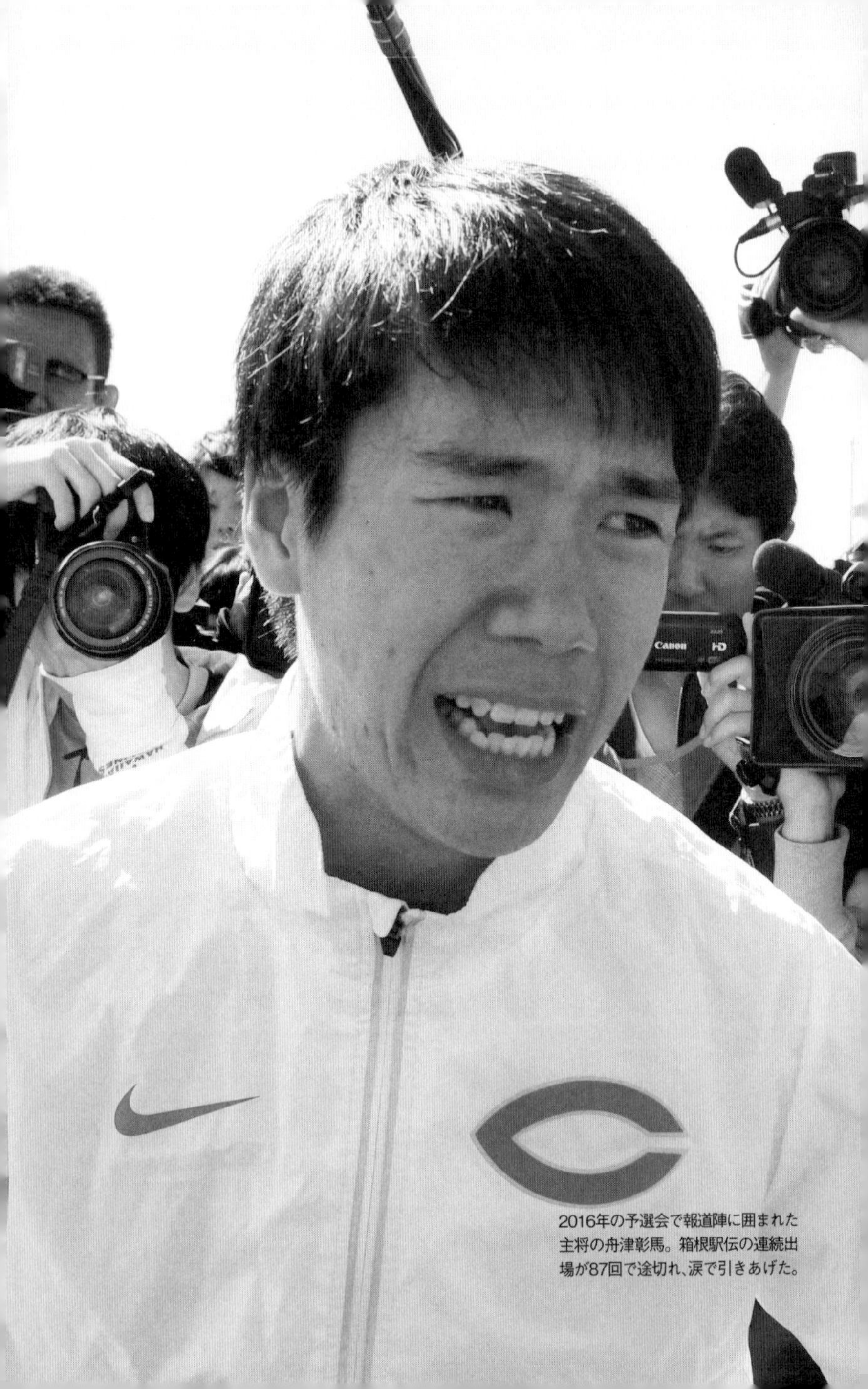

2016年の予選会で報道陣に囲まれた主将の舟津彰馬。箱根駅伝の連続出場が87回で途切れ、涙で引きあげた。

箱根駅伝がないという〝喪失感〟にさいなまれたなかで、チームは予選会の1週間後に日体大長距離競技会に出場。舟津は5000mで13分50秒79の自己ベストで走り、気を吐いた。

「予選会後の雰囲気は本当にどんよりしたものでしたし、自分もこんな気持ちで走れるのかなという思いもあったんです。でも選手としては、ベストな状態で試合に臨み、手を抜かずに走ることが義務だと思うので、そこは譲りたくなかった。それに喪失感を味わったのは自分たちだけじゃなくて、応援してくれた方やOBの方々も同じです。そういう皆さんに中大が動き出したんだということを知ってもらいたかったので、結果につながって良かったと思います」

17年も主将としてチームを引っ張っている舟津だが、まだ2年生。先輩たちの顔色も気になるかと思いきや、威風堂々とキャプテンとしての役割をまっとうしている。

「先輩ですか？　自分はそういうのは気にしていません。キャプテンとして立っているので、相手が先輩だろうと、臆せず物は言います。先輩に対しても、キツい言い方をしていることは自分でもわかっているんですけど、キャプテンが下に見られてしまうとチームはまとまらないですから」

舟津は「箱根駅伝は嫌い」「マラソンは大嫌い」と話すなど、箱根駅伝が〝すべて〟だと思っていない。マラソンは性格的に好きではないと言い、トラックランナーとして、自分の能力を高めようと競技に向き合っている。

藤原監督も才能ある選手には箱根駅伝だけでなく、世界を見据えるような指導をしており、舟津は17年2月に単身渡米。ロンドン世界選手権の3000m障害で銅メダルを獲得したイバン・ジャガーも所属するバウマン・トラッククラブ（BTC）のトレーニングに参加した。約4週間、ジャガーらと一緒に過ごしたが、そこで舟津は圧倒的な差を感じたという。

「自分の力のなさだけじゃなくて、日本の陸上界自体これでいいのかなと思うくらいの衝撃を受けました。でも自分は今を頑張るしかありません。自分がどこまで行けるのか。それを追い求めていきたいと思っています」

舟津はサッカーでいえば典型的な〝ストライカー〟タイプだ。自らの力でゴールをこじ開けてきたからこそ、主将を務めるなかで、先輩に助けられたことはあまりないという。

「自分は自己完結型なんです。不安も人には吐かないですし、問題があっても自分ひとりで解決するようにしています。自分でもかなり我が強いと思いますね（笑）。それは自分の弱点でもあって、自分の芯が折れたときに支えてもらいたくないって言う気持ちが邪魔してしまうこともあるんです」

常に強気の舟津だからこそ、5月の関東インカレ5000mで24位に沈んだときも、誰かに頼ることができず、苦しんだという。その後、自分の〝競技観〟を見つめ直した。

「勝ちたい、というエゴを前面に押し出すのが自分の走りで、かなりトラック向きの考え方だと思うんですけど、いつの間にか『キャプテンとしてチームのために結果を残さなければいけない』という気持ちが強くなっていました。これまで大切にしてきた『自分のために走る』ということが疎かになっていたんです……」

舟津は自分のスタイルを取り戻すと、6月の全日本大学駅伝予選会3組でトップを飾り、9月の日本インカレ1500mで優勝。貪欲な走りで、チームを盛り立ててきた。

藤原監督も「調整していないなかで、日本インカレの1500mを勝ち、予選会20㎞もしっかり走ってくれました。能力と努力がようやく握手しだしたのかなと思います。4～5月は良くありませんでしたが、苦しんで走れないときの気持ちをわかって、そこから声かけの質が変わりました。人間的にも成長したと思います」と2年生主将を評価する。

自分にも他人にも厳しい舟津だが、箱根予選会の通過を決めたときには、「自分たちが

日本インカレの1500mでは、主将の舟津彰馬が得意のラスト勝負を制して優勝。チームの雰囲気を盛り上げた。

やってきたことは間違いではなかった。3位で通過できたことは自信になりますね」と胸を張った。さらに「チームとして初めて目標を達成できましたが、先輩方がいなければ成り立たたなかった。特に4年生の力は大きいと思います」と先輩たちへの感謝も忘れなかった。

それでも〝ストライカー〟としての本能はなくしていない。「ラスト勝負は負ける気がしないので、箱根駅伝は1区で区間賞を狙っていきたい。チームとしては総合8位以内を目指します！」と名門・中央大のリスタートを劇的に決めるつもりでいる。

激動の時代を過ごした4年生の意地とプライド

2年生主将が引っ張る中央大は、他校からすれば〝いびつなかたち〟をしているチームに見えるだろう。当然、おもしろくない選手も出てくる。体育会系のなかで2学年違うと、プライドの大きさはかなり変わってくるからだ。

4年生たちは今の中央大をどう思っているのだろうか。竹内大地（4年）は1年前のチーム状況をこう説明する。

「4年生が不甲斐ない状態で、3年生も2年生も任せられる状態ではなかった部分はありました。1年生がキャプテンになるかもしれないという話を聞いたとき、自分が立候補すべきなのかなと考えたんです。でも、そこまでの覚悟と自信がなくて。舟津が担うことになりました。1年生キャプテンで大変な部分もあったと思いますが、舟津は言いたいことを言いますし、彼自身も結果を残してきました。正直、納得する部分もありつつ、違うだろうという部分もありますよ。でも、舟津がキャプテンになってチームとしてうまく機能していると思います」

竹内ら4年生は名門校のなかで〝激動〟ともいえる時代を過ごしてきた。箱根駅伝で28年連続シード権を失った翌年に入学すると、箱根駅伝は19位、15位と低迷。16年は指揮官が交代して、87回連続出場してきた伝統のタスキが途切れた。竹内は入学した頃から〝嫌な予感〟を感じていたという。

春には同学年の長距離部員が8人いたものの、一般入試で入った選手がすぐに辞めると、2年時の夏頃に2名が退部。途中でマネージャーに転身した選手も部を去った。

「仲が悪かったわけではないですけど、入学したときから学年のなかで温度差はありましたね。2名は陸上に対しての意欲がなくなり、1名は当時のコーチと対立して辞めました」

現在の4年生は竹内、蛭田雄大、江連崇裕と主務である木村総志のわずか4名。誰も箱根を経験していないが、4年生の意地とプライドは失っていなかった。今季は竹内が副キャプテン、江連が寮長、蛭田は役職こそないものの1年生の仕事を見る役割を担ってきたという。

「4年生は人数が少ない分、責任を感じていると思います。今季は箱根駅伝のシード権を目標にしているので、4年生として自分たちのやるべきことを明確化しました。舟津が厳

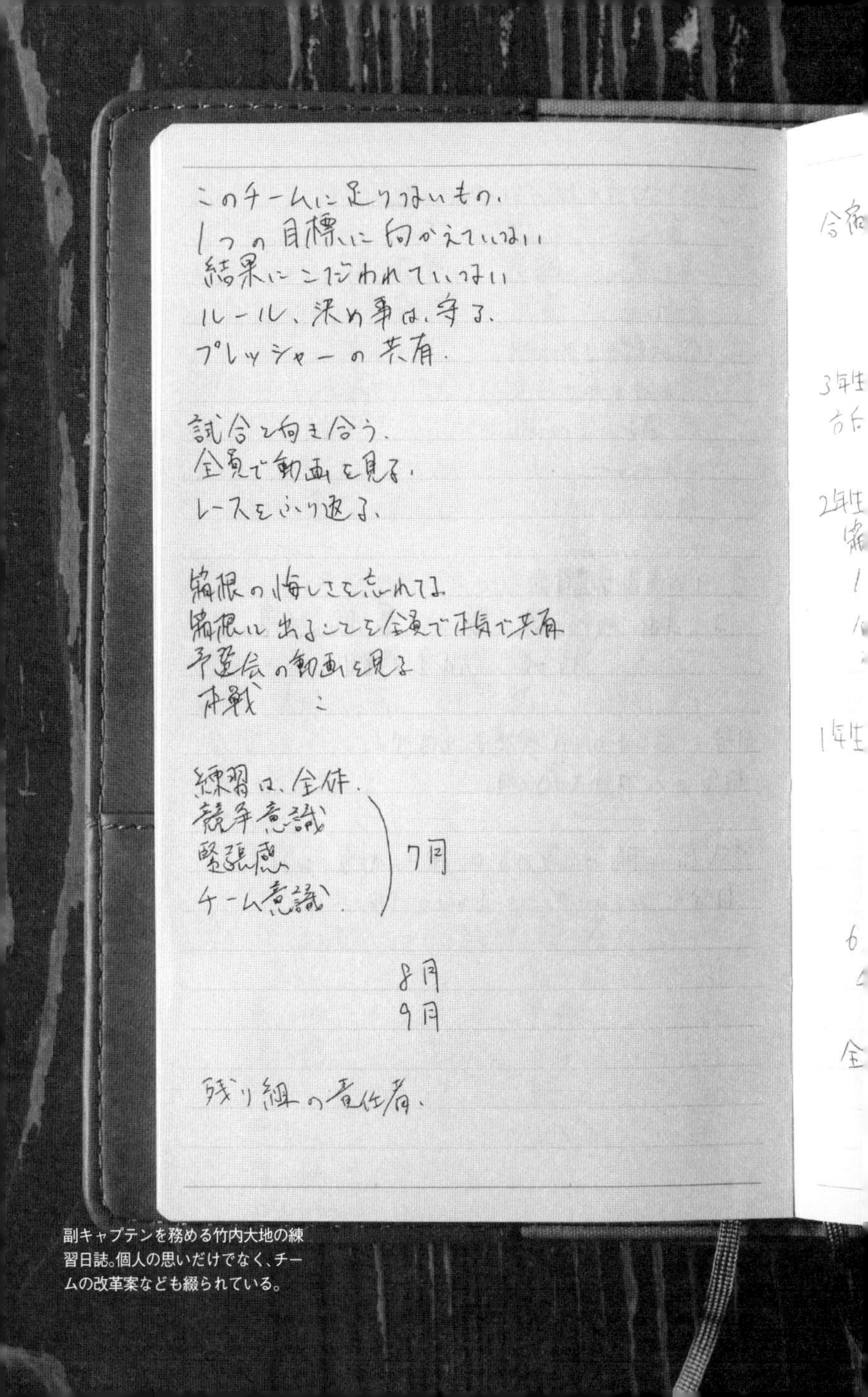
このチームに足りないもの。
1つの目標に向かえていない
結果にこだわれていない
ルール、決め事は、守る。
プレッシャーの共有.
試合と向き合う.
全員で動画を見る.
レースをふり返る.
箱根の悔しさを忘れてる
箱根に出ることを全員で本気で共有
予選会の動画を見る
本戦 〃
練習は、全体.
競争意識
緊張感
チーム意識.
7月
8月
9月
残り組の責任感.

副キャプテンを務める竹内大地の練習日誌。個人の思いだけでなく、チームの改革案なども綴られている。

しいことを言うので、自分が同じことを言っていたらチームはまわりません。自分はできるだけチームにやさしい言葉をかけるようにして、相談に乗ったり、励ますようにしています」

最上級生は生活面のレベルを上げるべく、寮内でも目を光らせてきたが、競技面では悔しい結果が続いた。6月の全日本大学駅伝予選会では、1組を走った蛭田が36位（31分06秒60）、最終4組を任された竹内も25位（29分32秒72）と振るわず、全日本の出場を逃している。

レースが行われた6月18日の練習日誌に竹内は自身の不甲斐なさを綴っている。

課題のスタートは出遅れることなくいけたが、そこで安心してしまい気付いたら真ん中より後ろにいた。５０００mで集団から離れてしまい、そこから粘れたとは思うがタイムは良くなかった。プレッシャーと向き合う部分に関しては上手くいったが、違うメンタルの部分の弱さが出た。調子が良い時は年に数回しかなく普通や悪い状態の時もあるし、その方が多い。その中で走らないといけない。

「全日本予選会は2組が終わった時点で厳しいかと思ったんですけど、3組で一気に盛り上がって急にプレッシャーを感じたのもあります。自分と堀尾が最終組でしっかり走れていれば通過できていたと思うので、情けないですね。僕にとっては最後のチャンスでしたし、チームを全日本に連れていけず、悔しかったです」

全日本予選の後は順調だったが、8月に左アキレス腱を痛めて、3週間ほど本格的なトレーニングができなかった。ポイント練習に復帰したとき、藤原監督から「箱根予選会までにどこまで戻すつもりなのか?」と尋ねられた竹内は、「最低でも集団走を引っ張れるところまで戻します」と答えている。それがチームの戦略になった。

前年の箱根予選会は竹内がフリーでタイムを稼ぐ予定だったが、チーム11番目(64分05秒)に沈んだ。最上級生として同じ過ちを繰り返すことはできない。今年の予選会は4年生が集団走を引っ張るミッションを引き受けた。

竹内が61分切りの集団を、江連と蛭田が62分切りの集団をペースメイク。竹内は最初の5㎞は15分10~15秒で行く予定だったが、15分04秒で通過した。「レースの流れのなかで第2集団につくか迷ったんですけど、天候も涼しかったですし、速い集団に乗っていた方がいいと判断して、そのまま行きました」。最上級生が15㎞までしっかりとナビすることで、下級生たちをしっかりとサポートした。そして竹内はチーム6番目（60分53秒）でフィニッシュ。前年の悔しさを晴らして、正月の晴れ舞台に向かう。

「実力的には堀尾、中山、舟津の3人が抜けていますが、『自分は3区を走りたい』とずっと思って取り組んできました。目標にしてきた『区間5位以内』で走り、最初で最後となる箱根でしっかりアピールしたいです」

「エース」と呼ばれる3年生

主将の舟津、副将の竹内、それから藤原監督から「エース」と呼ばれる選手がいる。それが3年生の堀尾謙介だ。1万mでチームトップのタイム（28分34秒54）を持ち、正月の箱根駅伝では関東学生連合で花の2区を走っている。

「昨年（16年）のこの時期は、自分は箱根があったのでテンションの差を感じていましたが、今年はチームとして箱根駅伝があるので、レギュラーをもぎとってやろうという中間層の選手たちがいい雰囲気をつくりだしています。前回は独特の雰囲気に飲まれましたし、タスキをもらった位置もあるので、ただ走っただけの箱根駅伝になってしまいましたが、あの雰囲気を味わえたことは、自分にとってプラスでしたね。今回の箱根駅伝では自信を持ってスタートラインに立てるのかなと思っています」

堀尾は周囲が認めるほど高いポテンシャルを持ちながらも、1学年下の主将・舟津から「エースらしくしろよ！」と容赦なくいじられるキャラでもある。ふたりは昨季、寮で同部屋だったこともあり、今も非常に仲がいい。ジョッグなども一緒に走ることが多いという。

「僕の性格上、人には言わないタイプ。どちらかというと後輩とも仲良くやっていきたい雰囲気を出しているので、舟津からすれば、自分には言いやすいのかな。きつく言われることもあって、正直むかつきますけど、舟津が言っていることは間違っていないですし、自分の過ちに気づくこともあるので、自分のために言ってくれると思って飲み込んでいます（笑）」

熱血漢の九州男児の〝言葉攻め〟も、関西出身のふんわり系はうまくやり過ごしているようだ。最近は練習日誌をさぼっている、と言いながらも、今年3月からチームで指導を受けているメンタルトレーナーの話は自身のノートにしっかりとまとめている。

大きな舞台で力を発揮するには？　信頼される選手になるには？　堀尾のノートには中

央大の〝真のエース〟になるための条件などが綴られていた。

「藤原監督など周りからエースと呼ばれているので、エースは信頼される選手でないといけません。信頼されるためにはどうしたらいいのか、自分で考えて書きました。エースの自覚ですか？　それなりにあると思うんですけど、大きな結果は残していないので、そのチャンスが箱根駅伝だと思っています」

前回は関東学生連合のメンバーとして2区に出場して、区間21位相当と苦しい走りになった。今回はチームの目標である「シード権獲得」と、「エースの証明」のために箱根路を駆け抜けることになる。

「正直いうと1区を走りたいんですけど、チーム状況を考えると、舟津はラストが強く、競り合いに勝てる選手なので1区に向いています。2区のリベンジもしたいですけど、中山はアップダウンの適性もありますし、今年（17年）は結果も出している。単独で走ることに慣れていないこともあり、集団で走れる2区がいい。そうなると自分はどこがいいのか。今季はひとりで走ることを意識してきましたし、平坦が得意なので3区かな、と。自分が3区で区間賞とか上位の走りで、11位以降との差をどれだけ広げられるか。それが今回の箱根で中大がシード権を奪うための一番の近道だと思います」

3年生エースの堀尾謙介（左）と2年生主将の舟津彰馬。仲の良いふたりだが、先輩にも舟津の檄は飛ぶ。

エースの座という意味では、堀尾の背後に近づいてくる足音が大きくなってきている。その正体は同学年の中山顕（3年）だ。「予選会で負けたのは本当に悔しい。箱根で格の差を見せつけたいですね」と堀尾は闘志を燃やしている。

駅伝強豪校と知られる兵庫・須磨学園出身の堀尾は、インターハイ5000mで決勝に進出（11位／日本人6番）。高校時代の5000mベストは14分02秒99で、大学入学時から大きな期待を背負ってきた。その対極ともいえる立場にいたのが中山だった。

準部員からエースに駆け上がる！

箱根駅伝の人気が高まるなかで、高校生へのスカウティングは過熱している。そういう時代になった今でも中山顕（3年）のような選手が出てくることに少し驚いた。というのも中山はどの大学からも声がかからず、スポーツ推薦ではなく、一般入試で中央大に入学した選手だからだ。

埼玉・伊奈学園では貧血もあり、インターハイ路線は県大会の5000mで予選落ちするレベル。当初は「大学で競技を続けるつもりはなかった」というが、10月の大東大記録会５０００ｍで自己ベストを30秒ほど更新する15分08秒をマークして、「大学でも挑戦してみよう」という気持ちが芽生えた。学内の指定校推薦を勝ち取り、中央大の法学部に進学した。

「箱根駅伝に憧れていたんですけど、自分のタイムでは目指せない、雲の上の舞台だと思っていたんです。箱根は自分の夢でもあったので、中大のユニフォームで走りたいと入部を希望しました」

陸上部とは何の関係もなかったため、中山は自分から浦田春生駅伝監督（当時）に電話をかけて練習に参加。最初は正式な部員ではなく、「準部員」という扱いだった。長距離の同期は10人いて、そのうち中山、関口康平、柏木亮太の３人が準部員。「５０００ｍ15分00秒未満」が正式入部の条件だった。

準部員は陸上部の寮に入れないどころか、「C」のマークや、「中央大学」の名前が入っているウエアも着ることは許されなかった。チームの応援には自分が持っている市販のジャージを着て出かけたという。

「僕ら３人は関東インカレのときも、授業を優先しろ、と指示されたくらいです。そういうのも悔しかったですし、３人で『見返してやろう』と頑張ってきました。でも最初は練習についていけませんでしたね。走行量が増えたので、すぐに故障してしまったんです。でも、森勇基コーチ（当時）がそんな自分を見捨てずに、オリジナルの練習メニューを作ってくれたおかげで基礎ができたと思っています」

仮入部から7か月。11月の日体大長距離競技会5000mで中山は14分58秒をマークする。今となっては何ということもないタイムだが、「これで『C』のジャージが着られると思って、ラストは死に物狂いで、無理やり動かしました。とにかくうれしかったですね」と中山は振り返る。

正式に中央大陸上部の一員になると、その後は故障もなくトレーニングを継続。1年後には箱根駅伝の予選会メンバーに選ばれるほど成長した。しかし、「予選会メンバーに選ばれたうれしさもありましたが、それ以上に怖さの方が強かったんです。この舞台で自分が走れるのか……」と中山。不安な気持ちに揺さぶられると、レース1週間前に発熱して、出走メンバーから外れることになった。そして、中央大の87回連続出場が途切れることになる。

「中大が落ちるとは思っていなかった」という中山だったが、個人としては自己ベストを積み重ねていく。11月の日体大長距離競技会5000mで14分23秒69、12月の日体大長距離競技会1万mでは29分19秒13をマークした。
17年は4月9日の日体大対抗戦5000mで15分36秒07に沈んだものの、6月の全日本予選会（1万m）では3組を任されて、29分16秒49の自己ベストで5着。練習日誌の言葉には、中山の嬉々とした様子が伝わってくる。

初めての大舞台で8000mのときに舟津とワンツーで走れたときは夢かのように嬉しかった。まだまだ自分の力の弱さで離れてしまったが、名前を聞いたことのある選手達と互角に競えたことは自分の陸上人生にも大きなプラスになったし、自信がついた。

その後も中山は走る度に自信を深めていく。8月12日の蔵王坊平クロスカントリー（男子シニア8㎞）では山本修二（東洋大3）と競り合い2位。9月の日本インカレ1万mでも29分16秒49の自己ベストで9位に食い込んでいる。
「日本インカレはあと一歩で入賞できなかったですけど、他校のエースと互角に渡り合えたことは自分のなかで大きな一歩でした」と中山。10月の活躍は、『スポーツ報知』の記事になるなど、多くのファンに知られることとなる。

箱根予選会は59分36秒で個人総合8位（日本人2番）。チームで最初にゴールへ飛び込むと、1週間後の平成国際大長距離競技会5000mでは大幅ベストとなる13分53秒07を叩き出した。

「予選会の舞台で活躍できて、周囲の反響は凄かったです。4年間でどうにか箱根を走りたいと思ってきたんですけど、自分が5000mで13分台を出せるなんて想像していませんでした。正直、ここまで成長できたことに驚いていて、映像を見ても、自分なのかと疑ってしまうこともあるんです。でも、これで満足してしまったら成長はないと思うので、いい意味で欲を持って、次は1万mで28分台を狙い、箱根では2区で他校の選手と勝負できるように頑張っていきたい。笑われちゃうかもしれませんが、区間5位が自分の目標です」

高校時代の5000mベストで1分以上の開きがあった堀尾との差はほとんどない。

「堀尾はエースと呼ばれてきましたけど、今は負けたくありません」と中山はキッパリいう。

中山が大学で急成長できたのはコツコツと練習を積み重ねてきたことに他ならない。そんな地道な姿勢は練習日誌にもあらわれている。

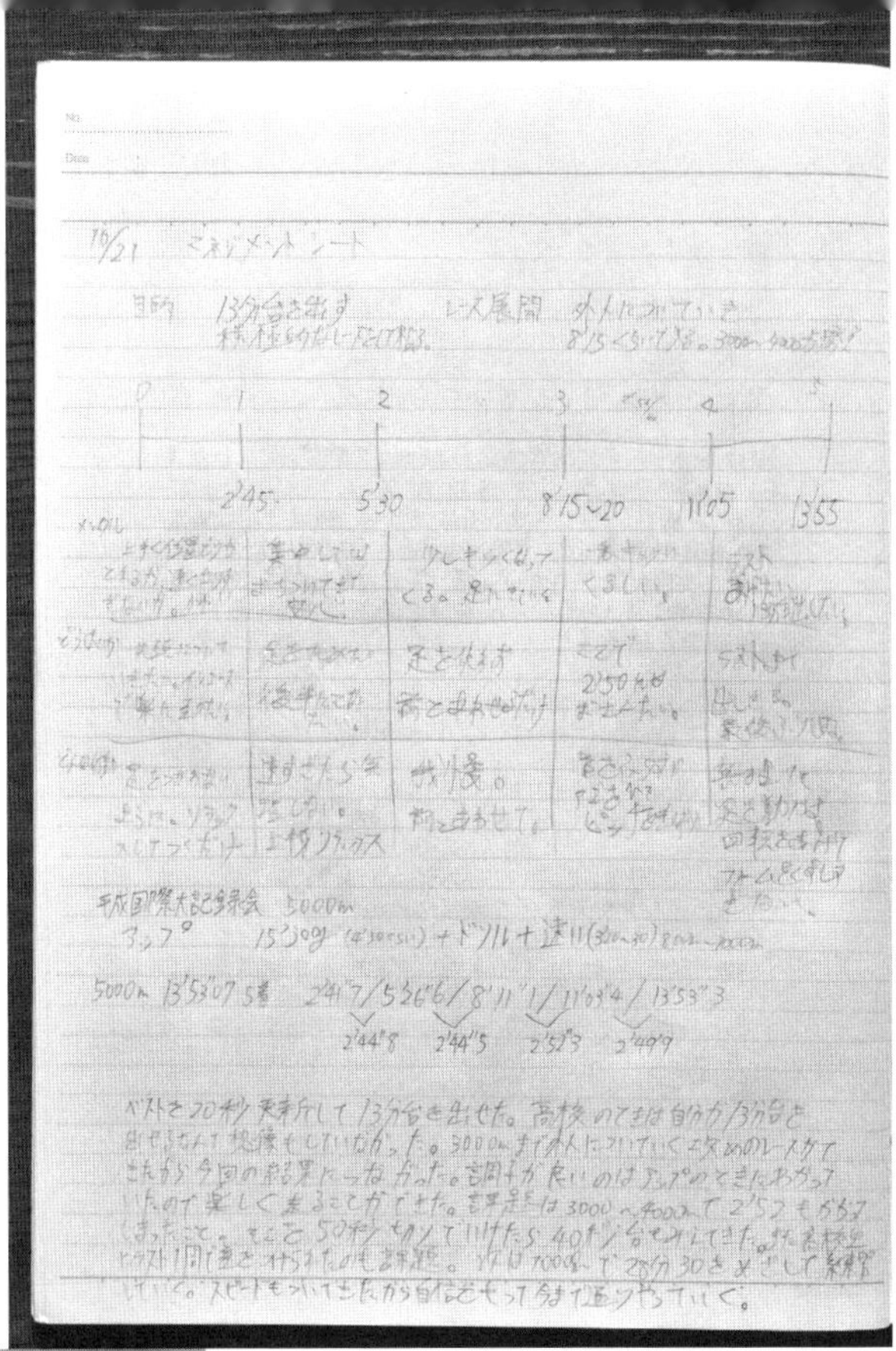

準部員から予選会チームトップまで駆け上がった中山顕の練習日誌。ノートにも生真面目な性格がでている。

「高校時代はやらされていてあまり意味はなかったんですけど、机に向かって書けば自分と向き合える。一日を思い返す時間は大切ですし、調子の良いときと悪いときの振り返りができるように毎日書いています。あ、箱根予選会の日は浮かれて遊びに行っちゃったので書いていないですけど（笑）。箱根駅伝は才能があってスポーツ推薦で入学するような選ばれた人しか無理だと思っている人が多いかもしれませんが、長距離は才能よりも努力だと思っています。走った分、力がつく。自分で無理だと思っている人でも夢があるなら挑戦してほしいですね」

藤原監督も中山のことを「陸上の能力はそんなに高いわけではないですけど、何事もひたむきにやります。心の部分は非常に才能のある子です」と評価している。そして母校の駅伝監督に就任して約1年半。藤原監督はチームの〝成長〟をこう表現する。

「少しずつですけど、生活を含めて、競技への姿勢は変わってきました。まだまだ道半ばではありますが、今年のチームらしい仕上がりになってきているかなとは思います」

大学や世間からは、箱根駅伝での活躍が期待されているが、藤原監督は就任当初の指導理念を変えることはなかった。舟津は米国でトラックのスピードを磨き、堀尾と中山は今冬のマラソンに挑戦するプランもある。藤原監督は決して箱根駅伝だけをターゲットにしているわけではない。

「私としては世界で通用する選手を輩出したいと思っています。ただ全員が世界大会を目指せるわけではないので、まずは社会人として通用する人材の育成を非常に大事にしています。また駅伝での活躍が求められている大学ですので、そこは大切にしたい。箱根駅伝では総合8位を目標にしています。理由ですか？　10番を狙っていたら10番には入れません。8位を狙ってようやく10位だろうと。それぐらいの気概を持ってやってほしいなというのもありますし、純粋に上位と実力差があるからです。7～10番目を狙っていくのが今年の戦略としていいんじゃないでしょうか」

就任当時、藤原監督は将来的なビジョンについて、「チームとしては2～3年でシード権、5～6年で3位以内、10年で優勝を目指したい」と話していた。1年目の昨季は苦しんだものの、2年目の今季は目標を狙える位置までしっかりと軌道修正してきた。名門復活へ、中央大が再び動き出した。

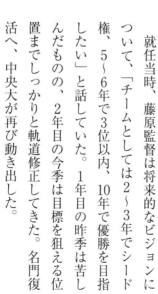

中央学院大学駅伝部

箱根駅伝は15年連続18回出場。85年に順天堂大学OB、川崎勇二監督のもとで本格強化がスタート。94年に初出場を果たすと、08年に過去最高の3位に食い込んでいる。前回は5位に入り、「3年連続シード」を獲得した。

横川《よこかわ》巧《たくみ》選手
2年生

大森澪《おおもりれい》選手
4年生

細谷《ほそや》恭平《きょうへい》
4年生

高砂大地《たかさごだいち》選手
2年生

川崎勇二《かわさきゆうじ》監督

11月 | 06 | 中央学院大学

優勝を狙わないチームの勝つ戦略

高校時代は無名だった選手を育て、駅伝強豪校に成長。
全日本大学駅伝は前年が5位、今年も6位に入った。
中央学大が目指す「駅伝」にその〝強さ〟の秘密がある。

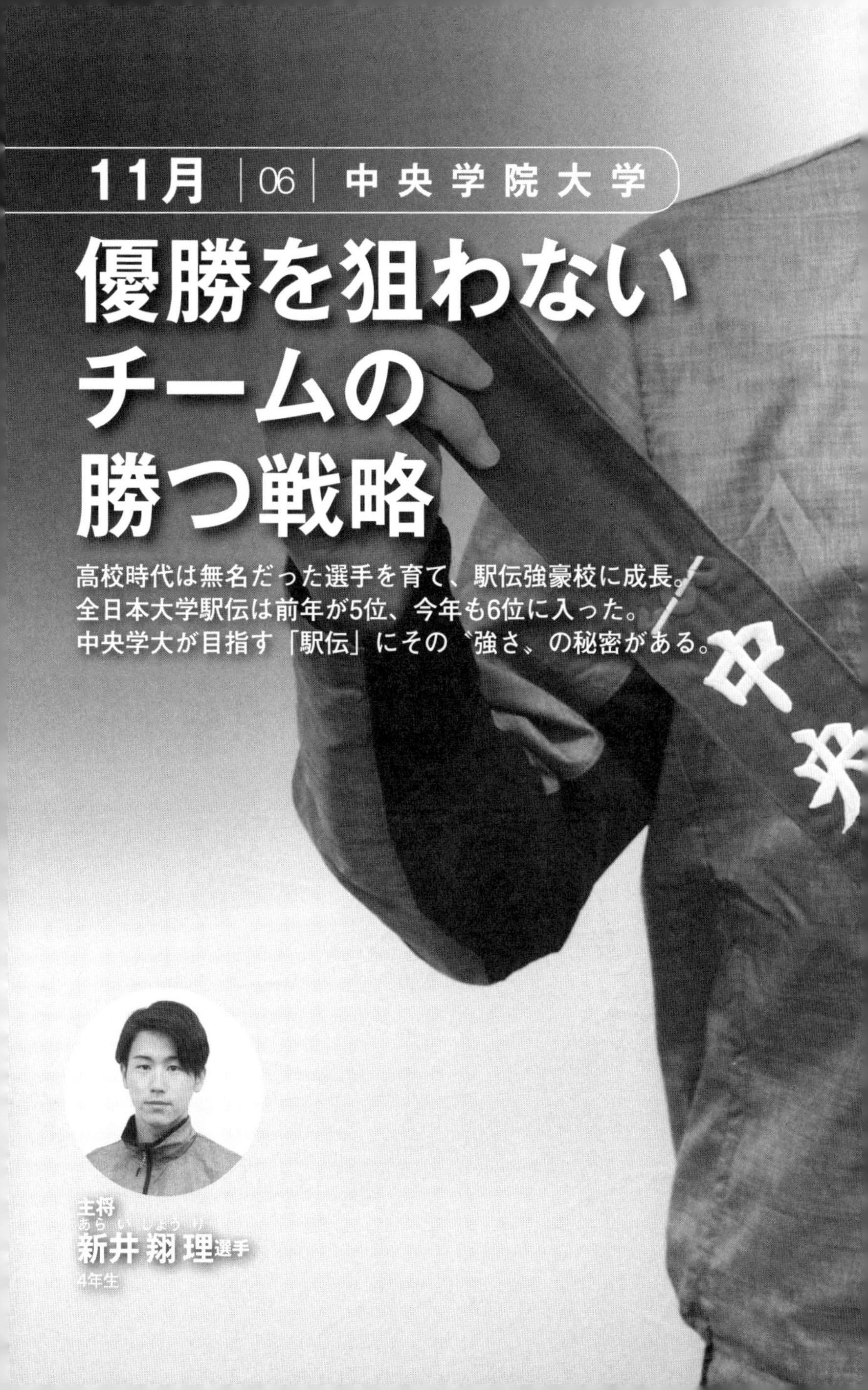

主将
新《あら》井《い》翔《しょう》理《り》選手
4年生

〝箱根決戦〟を占う全日本大学駅伝の戦い

全日本大学駅伝（以下、全日本）は「全国大会」のため、「関東大会」に過ぎない箱根駅伝よりも、大会の〝価値〟としては上になる。しかし、不思議なことに関東の大学は、箱根駅伝の方がプライオリティは高い。

そのため全日本は他校と勝負するだけでなく、正月決戦を見据えて、選手を〝試す〟という要素も含まれている。メンバー争いが激しいチームでは、全日本の「失敗」が箱根への夢を遠ざける。過去にも明らかなミスを犯した選手が、箱根メンバーから漏れたのを何度も見てきた。

ほとんどの大学はベストメンバーを組みながらも、区間の適性などを確認している。具体的にいうと、全日本1区で好走した選手は箱根でも1区に入ることが多い。ほかにも全日本2区は箱根の2～4区、全日本4区は箱根の2、4区、全日本8区は箱根の2、9区というパターンもある。

名古屋から伊勢へと進む全日本は全長106・8km、全8区間で争われる。各区間の距離は、1区14・6km、2区13・2km、3区9・5km、4区14・0km、5区11・6km、6区12・3km、7区11・9km、8区19・7km。なお、18年の第50回大会で、中継所の位置が見直される予定で、各区間の距離も変動することになるという。

全日本は毎年11月の第一日曜日に行われ、今年は11月5日に開催された。10月の出雲駅伝に続いて青山学院大と東海大の対決に注目が集まっていたが、混戦レースを制したのはダークホースともいうべき神奈川大だった。

1区は東洋大がトップに立ち、以降はトップを独走。神奈川大は1区で4位につけると2区以降も上位をキープする。そして5区越川堅太（2年）の区間賞で2位に浮上した。6区では後方から追い上げてきた東海大とともに先行していた東洋大をかわして、その後はマッチレースに。

神奈川大は7区終了時で東海大に17秒差をつけられたものの、アンカーの鈴木健吾（4年）が19・7kmを区間歴代7位（日本人歴代2位）の57分24秒で走破。2・4km付近で東海大に追いつくと、5km過ぎから引き離して、悠々と逆転Vを成し遂げた。

2位は東海大で、前回王者・青山学院大は1区の出遅れが響き、3位に終わった。4位は駒澤大、5位は東洋大、6位は中央学院大。ここまでが「シード権」を獲得した。

神奈川大が〝2強〟を撃破して、20年ぶりの優勝をさらったことで、2018年の箱根駅伝は全日本以上に大混戦になりそうな様相を呈してきた。

そのなか伊勢路で堅実なレース運びを見せ、大学初となる〝2年連続シード〟を奪った中央学院大は要注目のチームといえるだろう。

全日本の区間最高順位は6位だったが、8人全員が区間10位以内と好走。地味ながら凄いチームの〝強さ〟はどこにあるのか。16年連続出場となる箱根路で中央学院大がさらに真骨頂を発揮する。

16年連続出場するノンブランド校の正体

高校生が憧れるようなブランド校ではなく、体育系大学のように最先端の設備があるわけでもない。圧倒的な走力を誇る留学生もいない。しかし、着々と〝箱根上位校〟に成長しているのが中央学院大だ。

伊勢路はアンカー細谷恭平が6位でフィニッシュ。中央学院大は2年連続となるシード権を獲得した。

【網掛け:区間新記録】　上段:総合記録　下段:区間記録

第4区 14.0km	第5区 11.6km	第6区 12.3km	第7区 11.9km	第8区 19.7km
村山謙太(駒澤大) 39:24【45回】	横手健(明治大) 33:22【46回】	前田悠貴(早稲田大) 35:30【44回】	野口英盛(順天堂大) 34:26【33回】	メクボ・モグス(山梨学院大) 55:32【39回】
鈴木祐希 2:30:39④ 40:40⑤	越川堅太 3:04:31② 33:52①	安田共貴 3:40:39② 36:08④	大川一成 4:15:25② 34:46④	鈴木健吾 5:12:49① 57:24②
關颯人 2:30:27② 40:42⑥	湊谷春紀 3:04:40③ 34:13②	國行麗生 3:40:38① 35:58②	三上嵩斗 4:15:08① 34:30②	川端千都 5:14:07② 58:59③
森田歩希 2:30:34③ 40:16③	下田裕太 3:05:23④ 34:49④	竹石尚人 3:41:31③ 36:08④	小野田勇次 4:16:14③ 34:43③	鈴木塁人 5:15:22③ 59:08④
下史典 2:30:40⑤ 40:46⑦	加藤淳 3:05:53⑤ 35:13⑦	堀合大輔 3:41:50⑤ 35:57①	中村大聖 4:16:39④ 34:49⑤	山下一貴 5:15:59④ 59:20⑦
山本修二 2:29:25① 40:11②	中村駆 3:04:20① 34:55⑤	浅井峻雅 3:41:49④ 37:29⑯	小笹椋 4:17:21⑤ 35:32⑧	吉川洋次 5:16:29⑤ 59:08④
高砂大地 2:31:54⑦ 41:05⑩	市山翼 3:06:59⑥ 35:05⑥	髙橋翔也 3:43:17⑥ 36:18⑥	有馬圭哉 4:18:29⑥ 35:12⑦	細谷恭平 5:17:59⑥ 59:30⑨
藤原滋記 2:31:52⑥ 41:23⑬	宍倉健浩 3:07:59⑧ 36:07⑳	永山博基 3:44:02⑦ 36:03③	吉田匠 4:19:57⑦ 35:55⑮	石田康幸 5:19:08⑦ 59:11⑥
佐藤諒太 2:34:05⑫ 40:57⑨	畔上和弥 3:08:31⑩ 34:26③	島貫温太 3:44:54⑨ 36:23⑦	横井裕仁 4:20:03⑧ 35:09⑥	小森稜太 5:19:39⑧ 59:36⑩
市谷龍太郎 2:34:21⑬ 42:03⑯	清水鐘平 3:10:10⑬ 35:49⑯	片山優人 3:47:32⑬ 37:22⑬	河村知樹 4:23:26⑬ 35:54⑭	ドミニク・ニャイロ 5:20:32⑨ 57:06①
青木涼真 2:32:32⑧ 41:08⑪	松澤拓弥 3:07:48⑦ 35:16⑪	福田兼士 3:44:39⑧ 36:51⑫	岡原仁志 4:20:23⑨ 35:44⑫	鈴木亮平 5:20:59⑩ 1:00:36⑮
土方英和 2:33:11⑨ 41:17⑫	臼井健太 3:08:25⑨ 35:14⑨	内田健太 3:45:55⑪ 37:30⑰	河野敢太 4:21:43⑪ 35:48⑬	松永拓馬 5:21:26⑪ 59:43⑪
栃木渡 2:33:18⑩ 40:38④	野田一輝 3:09:01⑪ 35:43⑮	吉岡幸輝 3:46:27⑫ 37:26⑮	山田攻 4:22:05⑫ 35:38⑨	難波皓平 5:21:34⑫ 59:29⑧
菅真大 2:33:59⑪ 40:09①	山本竜也 3:09:12⑫ 35:13⑦	大石巧 3:45:51⑩ 36:39⑨	中原佑仁 4:21:30⑩ 35:39⑩	服部潤哉 5:22:31⑬ 1:01:01⑯
原法利 2:36:00⑭ 41:29⑭	奈良凌介 3:11:15⑭ 35:15⑩	山本翔馬 3:47:58⑭ 36:43⑩	齋藤諒 4:23:39⑭ 35:41⑪	谷川貴俊 5:24:04⑭ 1:00:25⑭
佐々木大輔 2:39:01⑲ 41:36⑮	大保海士 3:14:31⑱ 35:30⑬	末次慶太 3:51:09⑰ 36:38⑧	阿部弘輝 4:25:17⑮ 34:08①	中島大就 5:25:02⑮ 59:45⑫
吉岡遼人 2:36:49⑮ 42:22⑱	村武慎平 3:12:42⑮ 35:53⑰	枡本剛史 3:49:26⑮ 36:44⑪	髙畑祐樹 4:25:22⑯ 35:56⑰	辻村公佑 5:25:40⑯ 1:00:18⑬
住吉秀昭 2:34:35[—] 40:54⑧	古川大晃 3:10:00[—] 35:25⑫	矢走拓斗 3:48:27[—] 38:27⑳	福田裕大 4:25:00[—] 36:33⑱	藤山悠斗 5:26:01[—] 1:01:01⑯
上村一真 2:37:09⑯ 42:47⑳	新美健 3:12:45⑯ 35:36⑭	平山寛人 3:50:16⑯ 37:31⑱	田邊隼都 4:27:48⑰ 37:32㉒	平野恵大 5:30:19⑰ 1:02:31㉒
元木駿介 2:40:10㉑ 42:42⑲	久保拓海 3:16:03⑳ 35:53⑰	日下聖也 3:53:26⑲ 37:23⑭	島田将志 4:29:21⑲ 35:55⑮	西内建太 5:30:51⑱ 1:01:30⑱
坂東剛 2:37:19⑰ 42:19⑰	川田信 3:13:30⑰ 36:11㉑	村田惇 3:52:03⑱ 38:33㉒	藤井大輔 4:28:49⑱ 36:46⑲	松井政洋 5:32:50⑲ 1:04:01㉗
大沼優 2:40:22㉒ 43:50㉓	大島拓也 3:16:40㉒ 36:18㉒	山本啓輔 3:54:41㉑ 38:01⑲	河原洋太 4:31:45⑳ 37:04⑳	堀尾和弥 5:33:44⑳ 1:01:59⑳
生川智章 2:39:20⑳ 42:51㉑	児玉勘太 3:16:27㉑ 37:07㉔	高橋創太郎 3:55:08㉒ 38:41㉓	鈴木高虎 4:32:38㉑ 37:30㉑	唐澤研太 5:34:08㉑ 1:01:30⑱
屋富祖光佑 2:38:32⑱ 43:34㉒	城ヶ﨑大地 3:15:13⑲ 36:41㉓	川原林廉 3:53:44⑳ 38:31㉑	大平鴻汰 4:32:45㉒ 39:01㉖	米永夏輝 5:35:09㉒ 1:02:24㉑
金子雅也 2:41:21[—] 44:48㉕	細澤幸輝 3:17:14[—] 35:53⑰	武藤広樹 3:55:56[—] 38:42㉔	円尾翔吾 4:34:18[—] 38:22㉓	神里裕司 5:38:03[—] 1:03:45㉕
齊藤寛峻 2:42:51㉓ 44:07㉔	笠間淳平 3:20:25㉓ 37:34㉖	南雲信之介 4:00:21㉓ 39:56㉕	早坂謙児 4:38:45㉓ 38:24㉔	高橋佳希 5:41:25㉓ 1:02:40㉓
佐野昌幸 2:45:34㉔ 45:49㉖	竹鼻大貴 3:22:57㉔ 37:23㉕	川瀬育夢 4:03:14㉔ 40:17㉗	島田潤 4:42:31㉔ 39:17㉗	土橋晋也 5:46:21㉔ 1:03:50㉖
松野匠 2:47:23㉕ 45:56㉗	山﨑広河 3:27:02㉕ 39:39㉗	外山恵大 4:07:05㉕ 40:03㉖	尾櫃和希 4:45:59㉕ 38:54㉕	鈴木基史 5:49:13㉕ 1:03:14㉔

第49回全日本大学駅伝（11月5日）の結果

大会記録:駒澤大:5:12:43【44回】

順位	大学名	記録	第1区 14.6km ギタウ・ダニエル（日本大）・永田宏一郎（鹿屋体育大） 41:56【39回・32回】	第2区 13.2km エノック・オムワンバ（山梨学院大） 37:16【44回】	第3区 9.5km 油布郁人（駒澤大） 26:55【44回】
1	神奈川大	5:12:49	山藤篤司 43:29④ 43:29④	大塚倭 1:22:25③ 38:56⑦	荻野太成 1:49:59④ 27:34⑤
2	東海大	5:14:07	鬼塚翔太 43:59⑧ 43:59⑨	塩澤稀夕 1:22:43⑤ 38:44⑤	館澤亨次 1:49:45② 27:02①
3	青山学院大	5:15:22	中村祐紀 44:46⑩ 44:46⑪	田村和希 1:22:50⑥ 38:04①	梶谷瑠哉 1:50:18⑤ 27:28④
4	駒澤大	5:15:59	片西景 43:25② 43:25②	工藤有生 1:22:06② 38:41④	物江雄利 1:49:54③ 27:48⑥
5	東洋大	5:16:29	相澤晃 43:24① 43:24①	渡邊奏太 1:21:53① 38:29②	西山和弥 1:49:14① 27:21③
6	中央学院大	5:17:59	大森澪 43:38⑤ 43:38⑥	新井翔理 1:22:52⑦ 39:14⑨	廣佳樹 1:50:49⑦ 27:57⑧
7	早稲田大	5:19:08	太田智樹 43:28③ 43:28③	安井雄一 1:22:28④ 39:00⑧	新迫志希 1:50:29⑥ 28:01⑨
8	帝京大	5:19:39	岩佐壱誠 45:07⑫ 45:07⑬	竹下凱 1:24:37⑪ 39:30⑪	濱川駿 1:53:08⑫ 28:31⑭
9	山梨学院大	5:20:32	上田健太 44:56⑪ 44:56⑫	永戸聖 1:24:11⑩ 39:15⑩	久保和馬 1:52:18⑩ 28:07⑩
10	法政大	5:20:59	土井大輔 45:19⑮ 45:19⑯	坂東悠汰 1:24:06⑨ 38:47⑥	佐藤敏也 1:51:24⑧ 27:18②
11	國學院大	5:21:26	浦野雄平 43:45⑦ 43:45⑧	向晃平 1:23:38⑧ 39:53⑬	江島峻太 1:51:54⑨ 28:16⑪
12	順天堂大	5:21:34	橋本龍一 46:19㉒ 46:19㉓	塩尻和也 1:24:50⑫ 38:31③	清水颯大 1:52:40⑪ 27:50⑦
13	城西大	5:22:31	金子元気 45:09⑬ 45:09⑭	西嶋雄伸 1:25:30⑮ 40:21⑱	中島公平 1:53:50⑬ 28:20⑫
14	大東文化大	5:24:04	川澄克弥 46:02⑲ 46:02⑳	林日高 1:26:07⑱ 40:05⑯	新井康平 1:54:31⑯ 28:24⑬
15	明治大	5:25:02	南俊希 46:10⑳ 46:10㉑	坂口裕之 1:28:54㉓ 42:44㉕	河村一輝 1:57:25㉑ 28:31⑭
16	立命館大	5:25:40	岩崎祐也 45:40⑰ 45:40⑱	小岩慎治 1:25:41⑯ 40:01⑮	中井拓実 1:54:27⑮ 28:46⑯
—	全日本大学選抜	5:26:01	ムソニ.ムイル 43:35[—] 43:35⑤	原由幸 1:24:43[—] 41:08㉑	森重恒太 1:53:41[—] 28:58⑰
17	皇學館大	5:30:19	川瀬翔矢 44:35⑨ 44:35⑩	田中雄也 1:25:16⑬ 40:41⑲	上村直也 1:54:22⑭ 29:06⑱
18	京都産業大	5:30:51	西川和希 48:21㉕ 48:21㉗	上坂優太 1:28:18㉑ 39:57⑭	宮下朝光 1:57:28㉒ 29:10⑳
19	関西学院大	5:32:50	石井優樹 45:53⑱ 45:53⑲	野中優志 1:25:23⑭ 39:30⑪	小嶋一魁 1:55:00⑱ 29:37㉑
20	広島経済大	5:33:44	大下浩平 45:34⑯ 45:34⑰	木邑駿 1:26:48⑳ 41:14㉒	古谷龍斗 1:56:32⑳ 29:44㉓
21	愛知工業大	5:34:08	松井駿佑 45:15⑭ 45:15⑮	植松達也 1:26:43⑲ 41:28㉓	岡本優樹 1:56:29⑲ 29:46㉔
22	第一工業大	5:35:09	ジェフリ.ギチア 43:43⑥ 43:43⑦	西田將太郎 1:25:49⑰ 42:06㉔	嵜本浩士 1:54:58⑰ 29:09⑲
—	東海学連選抜	5:38:03	岸田裕也 46:33[—] 46:33㉔	國司寛人 1:26:51[—] 40:18⑰	塚本亮司 1:56:33[—] 29:42㉒
23	東北大	5:41:25	松浦崇之 48:00㉔ 48:00㉖	酒井洋輔 1:28:48㉒ 40:48⑳	立野佑太 1:58:44㉓ 29:56㉕
24	北海道大	5:46:21	酒井洋明 46:12㉑ 46:12㉒	金綱航平 1:29:04㉔ 42:52㉖	柳原脩臣 1:59:45㉔ 30:41㉗
25	新潟大	5:49:13	依田航太郎 47:57㉓ 47:57㉕	森悠人 1:30:54㉕ 42:57㉗	岩渕健 2:01:27㉕ 30:33㉖

2017年現在、箱根駅伝で15年以上の連続出場を継続しているのは、同校と東洋大、駒澤大、早稲田大、日本体育大、山梨学院大の6校のみ。これだけでも中央学院大の凄さが伝わると思うが、近年の充実度は際立っている。

箱根駅伝の順位は8位、9位、6位と推移して、大学初となる「3年連続シード」を獲得。16年は出雲駅伝（以下、出雲）が過去最高の4位、全日本大学駅伝（以下、全日本）は過去最高タイの5位に食い込んでいる。17年は出雲で最終6区の福岡海統（3年）が脱水症状に陥り8位に終わったが、5区までは4位をキープした。

そして全日本はチームナンバー1のスピードを誇る横川巧（2年）を欠きながらも6位を確保。同校初となる「2年連続シード」を奪っている。

レースは1区大森澪（4年）がトップと14秒差の5位と好発進するも、当日変更で横川とチェンジした2区新井翔理（4年）が東海大と青山学院大にかわされて7位に転落した。3区廣佳樹（3年）と4区高砂大地（2年）は区間8位と区間10位。順位を押し戻すことはできなかったものの、2区終了時で24秒の差があった早稲田大の背中に徐々に近づいていく。廣が4秒、高砂が18秒詰め寄り、ビハインドを2秒にした。

シード圏内が目前に迫ると、5区市山翼（3年）が早稲田大を抜き去り、後続のチーム

（7位法政大）に49秒という大差をつける。5位駒澤大との差も1分06秒あったため、その後は〝ひとり旅〟となったが、6区高橋翔也（1年）は区間6位、7区有馬圭哉（2年）も区間7位と安定感のある走りで6位をキープした。

最終8区は19・7㎞の長丁場。夏に故障があり、当初は走る予定がなかった細谷恭平（4年）が危なげない走りで、伊勢神宮のゴールに6位で飛び込んだ。

10月の出雲駅伝はアンカーの福岡海統で順位を落としたものの、5区までは4位をキープした。

それでも選手たちが目標にしていた「5位」に届かず、川崎勇二監督の評価も100点満点中で「60点」という微妙なものだった。

「全日本は箱根駅伝の戦いをシミュレーションしていましたが、故障者が出てベストメンバーを組むことができませんでした。そのなかで1区と8区はある程度計算していましたし、5～7区の試した選手も踏ん張ってくれて、よく辛抱してくれたかなと思います。ただ箱根の往路要員と考えていた2〜4区がいまひとつ。このままでは往路で置いていかれると思いますね」と川崎監督。2年連続のシード権獲得も、箱根駅伝に向けては厳しい表情を見せていた。

全日本の後、チームは11月10日（〜17日）から富津合宿に入った。「これまで箱根を意識した練習はしていないので、富津合宿から箱根対策のトレーニングに入っていきます」と川崎監督。今後は授業のない週末などを利用して富津でミニ合宿を繰り返して、本番に向けてトレーニングを積んでいく予定だ。

箱根駅伝ではおなじみの存在になった中央学院大だが、他の上位校と比べると、入学してくる選手のレベルは高くない。

例年、『月刊陸上競技』は新入生の5000mベスト記録を調査。上位5名の平均タイムから「新人力ランキング」を発表している。現在の4年生が入学した14年の上位6校は、山梨学院大（14分08秒90）、早稲田大（14分10秒59）、順天堂大（14分15秒38）、駒澤大（14分15秒53）、青山学院大（14分16秒69）、東洋大（14分17秒36）。中央学院大はというと、14分36秒32で19位（翌年は17位）だった。

そんなチームが箱根駅伝で3年連続のシード権を、全日本大学駅伝でも2年連続のシード権を獲得しているのだ。そこに中央学院大というチームの〝本当の凄さ〟がある。

キャプテンを務める新井翔理（4年）も大学で大きく成長した選手だ。群馬・東農大二高出身の新井は中学時代、全国大会に出場したが、高校時代は故障が多く、苦しいときを過ごした。高校時代の5000mベストは14分46秒94だった。

「高1までは良かったんですけど、高2からはほぼ結果を残していないんです。最後に全国高校駅伝（7区／区間12位）を走ったくらいですね」と新井。「全部を変えないと、自分は変わらない」とあえて、知り合いが誰もいなかった大学を選んだ。そして大きく進化を遂げることになる。

「中央学院大の練習量は多くなくて、補強中心。カラダを鍛えてジョッグを長くするというのが基本です。川崎監督は効率のいいフォームを考えてくれるので、そういうところは素晴らしいなと思いますね。大学でだいぶ変わることができました」

大学2年時から学生駅伝でレギュラーをつかみ、今季は5000mで13分台に突入。高校時代のチームメイトのなかで最も結果を残していることを考えると、新井が選んだ道は〝正解〟だったといえるだろう。

だが17年は夏に左中足骨を疲労骨折したため、駅伝シーズンは出遅れた。出雲は間に合わず、全日本も万全の状態で迎えることはできなかった。

「全日本はシード権を獲得できたという安心感はあるんですけど、チーム目標が5位以内だったので、あと一歩たどりつけなかった。個人的にも区間9位に終わったので、悔しいなと思います」

箱根駅伝でも選手たちは「5位以内」という目標を掲げているが、その理由を新井が教えてくれた。

「僕らが1年時から学生駅伝では『5位以内』という目標を立ててきて、箱根だけは5位以内に入れていないんです。箱根で5位以内を目指すために、全日本でも5位以内という目標を掲げました。個人的には往路区間を走るなら区間5位以内、復路にまわるなら区間3位以内を目標にしています」

副将の大森澪（4年）も全日本の結果（1区で区間6位）には納得していない。出雲駅伝では「夏合宿の疲れが抜け切れていない状態」で1区を区間4位と好走した。全日本は出雲と比べて、かなり調子が良かったからだ。

「出雲駅伝の後は自分のしたい練習もしっかりできていたので、全日本では区間賞を獲る自信もあったんです。ラスト1㎞までついていければ、終盤の競り合いには自信があったんですけど、ラストスパートの前に引き離されてしまいました。個人の目標からはほど遠い結果になってしまい、まだまだ自分に足りないところがあったと思います」

大森は取材に訪れた11月10日のトレーニング日誌に、あと2か月弱に迫った箱根駅伝への熱い気持ちを書き込んでいる。

本日から合宿となりますが、箱根につながる練習にしていきます。
箱根では4年生として最後の大会になるので、必ずチームに貢献して結果を残します。

大森は大阪出身ということもあり、箱根駅伝にはあまり興味がなかったという。

「陸上を続けるつもりだったので、とにかく、自分が強くなれる大学に行こうと思っていたんです。監督が『ウチに来たら強くなれるぞ！』と声をかけてくれたので、監督を信じて中央学院大に入りました」

関大北陽高時代の5000mベストは14分33秒61。高校3年の12月には1万mで大阪府高校記録の30分06秒0を樹立した。大森は大学でも簡単に活躍できると考えていたが、現実は甘くなかった。

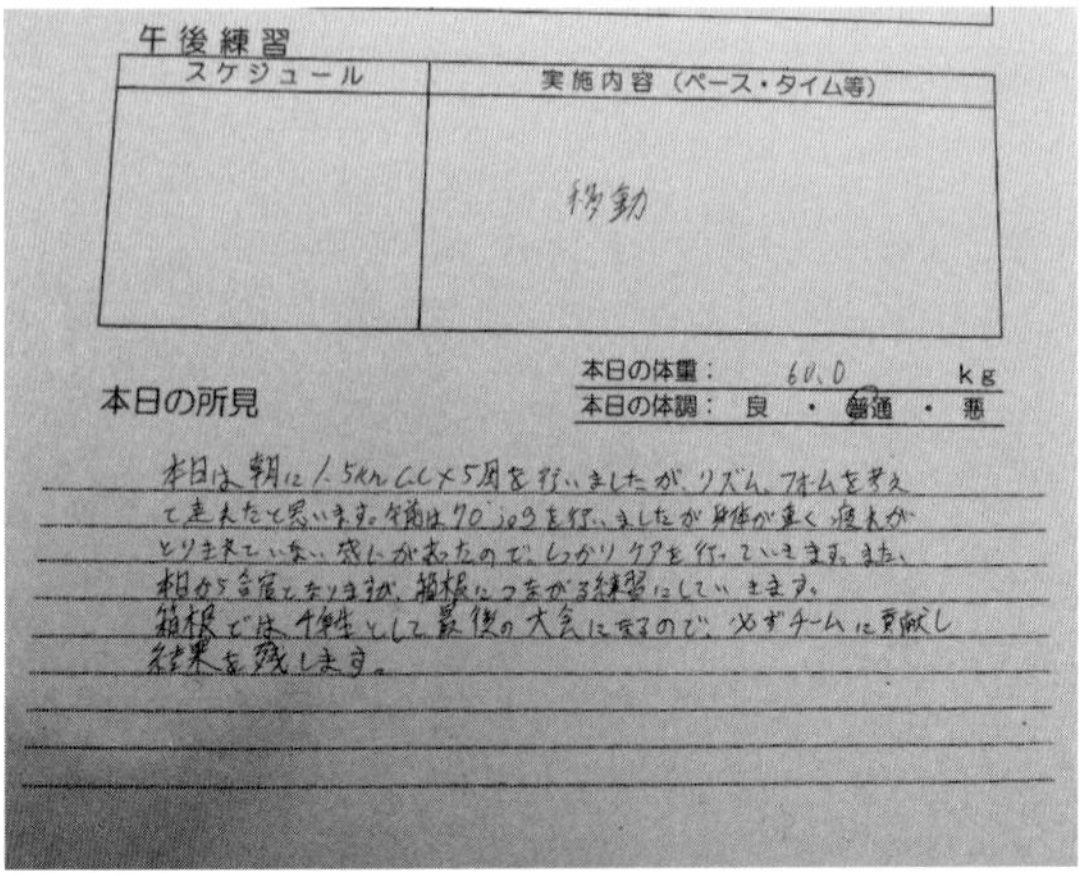

午後練習

スケジュール	実施内容（ペース・タイム等）
	移動

本日の体重：60.0 kg
本日の体調：良・普通・悪

本日の所見

本日は朝に1.5kmLL×5周を行いましたが、リズム、フォームを考えて走れたと思います。午前は70'jogを行いましたが身体が重く疲れがとりきれていない感じがあったので、しっかりケアを行っていきます。また、明日から合宿となりますが、箱根につながる練習にしていきます。
箱根では4年生として最後の大会になるので、必ずチームに貢献し結果を残します。

副将・大森澪のトレーニング日誌には、あと2か月弱に迫った箱根駅伝への思いが綴られている。

「いい感じでいけると、ちょっとなめていました。そうしたら全然走れなくなって、高校時代のベストでも走れなかったんです」

と大森。大学では練習の距離が延びるが、それにうまく対応することができなかったのだ。全日本で学生駅伝デビューを果たすも、5区で区間18位。箱根駅伝の出番はまわってこなかった。

それでも大学2年から、練習を自分で考えられるようになり、かみ合いだした。出雲で1区（区間13位）、全日本では8区（区間5位）を担うと、箱根では花の2区に抜擢される。区間10位でまとめて、チームの総合9位に貢献した。実際に箱根を走ってみて、大森は驚いたという。

「注目度が全然違う。特別な大会だなと思いましたね。このまま自分は2区を走りたいなと思っていたんですけど……」

大森から箱根駅伝のエース区間を奪った選手がいる。それが高校の後輩でもある高砂大地（2年）だ。

17年の学生駅伝はすべてスターターを任されてきた大森は安定感が抜群で、チームの信頼も厚い。個人的には花の2区への思いもあるというが、「チームのことを考えると、自分が1区を走らないといけない。そこは割り切っています。4年生最後なので、今度こそ区間賞を狙うレースをしていきたい！」と話した。

10年にひとりの逸材がふたりも揃った学年

箱根駅伝の人気が過熱していることもあり、近年は有力高校生の勧誘が激化している。しかし、川崎勇二監督は「無駄なスカウトはしない」のが信条で、全国トップの選手だからといって積極的に勧誘することはない。先ほど紹介した「新人力ランキング（5000mベスト上位5名の平均タイム）」でいうと中央学院大の〝定位置〟は17～19

位。他の強豪校と比較すると、全国トップクラスの選手の入学は非常に少ない。

そのなかで、「高校のときから尊敬していた大森さんの背中を追いかけて、こっちに来たところもあります」という高砂は、同校にとって〝10年にひとり〟ともいうべき逸材だ。高校時代の5000mベストは14分14秒09。近畿インターハイの5000m王者で、全国高校駅伝1区でも7位という好結果を残している。

川崎監督は、「根性があって、粘っこい。いまどきの選手には珍しいタイプ。将来はマラソンで大成すると思いました」と他校が注目を集める前から高砂に声をかけて、スカウティングを成功させた。

先輩・大森澪から見た高砂は、「純粋で生意気という感じです。ちょっとひねくれているところもある（笑）。監督がこうしろ、と言っても、自分がしたいことをやるんです」とかなりマイペースのようだ。

その一方で、高砂は大森のことを、「普段はおもしろい話しかしませんが、陸上に関しては絶対に外さない。調子が悪いときでも、どうにかまとめる。走り方はあまりきれいではないですけど、根性走りが凄いんです」と少しイジリながらもリスペクトしている。

川崎監督も兵庫・報徳学園高の出身ということもあり、中央学院大は関西弁が飛び交っている。その中心となっているのが、大阪出身の大森と高砂だ。ふたりは駅伝でも主軸を担ってきた。

高砂はルーキーイヤーだった16年、アンカーを託された出雲で区間3位と快走。全日本も4区で区間3位と奮闘すると、トラック1万mでは28分台に突入した。だが、17年の箱根駅伝は花の2区で区間15位（1時間9分50秒）と大苦戦して、前年に大森がマークしたタイム（1時間9分23秒）を下回った。

17年は足首などを痛めた影響で5～7月は思うようにトレーニングが積めず出遅れていたが、9月の日体大長距離競技会1万mでセカンドベストの29分03秒53をマーク。復調の兆しを見せていた。しかし、出雲は3区で区間9位、全日本は4区で区間10位と振るわなかった。

「全日本は出雲より調子も上がっていたので自信はあったんですけど、チームで一番足を引っ張ったと思っています。ひとりでも多く抜いていけ、という指示だったので、まずは6位の早稲田大に追いつこう、と思ったんですが、追いついて、競り合って。そこで終わってしまいました。目標は区間賞だったので、全然ダメだなという感じです」

高砂はトレーニングを積み上げないと、実力を発揮できないタイプ。出雲と全日本は

〝発展途上〟の段階だっただけに、11月10日から始まった富津合宿では、箱根2区に向けて気合が入っていた。

「夏のトレーニングが不十分だったので、富津ではその分を走り込む予定です。キロ2分55秒で押す練習をメインに行い、前半のスピードにも対応できるようにしていきたいと思っています。あと前回の箱根は走っていて腹筋や背筋がつって、筋力不足を感じました。特に最後の3㎞は太腿が動かなくなったので、筋トレもしっかりやりたいですね。タイム設定はまだ考えていないですけど、1時間8分台では走らないといけません。そして、4年生のときには区間賞を狙えるような経験を積んで、実力も上げていきたいです」

将来的には花の2区を制して、マラソンで勝負することを考えている高砂以外にも、チームの同学年には10年にひとりともいうべき選手がいる。「ハチマキランナー」としての知名度も出てきた横川巧（2年）だ。

トレードマークは坊主頭にハチマキ。そして、積極果敢な走り。スタミナが持ち味の高砂とは対照的にスピードが武器の選手で、攻めの走りは高校時代（群馬・中之条）から注目を集めてきた。北関東インターハイの1500mでは終始トップをひた走り、3分48秒74の大会新V。全国大会は不発だったが、1500mでは15年度の高校ランキングトップの3分47秒19、5000mでも14分08秒84の好タイムを残した。さらに全国都道府県駅伝の1区でも区間3位（高砂は9位）の快走を見せている。

3年生の春にトラックで好タイムを連発したこともあり、横川のもとには青山学院大、東洋大、駒澤大、法政大など多くの強豪大学が勧誘に来た。そのなかで横川は川崎監督の人柄に魅了されたという。

「いろんなチームの監督さんとお話させていただいたなかで、川崎監督は初めてお会いしたときから、安心感がありました。言葉で表現するのは難しいですけど、この人なら大丈夫。どんなことがあっても面倒をみてくれると感じたんです」

川崎監督は横川が高校1年生のときから注視しており、「スピードが魅力だが、長い距離も走れる」と判断。高砂と同じく、早い段階から熱心に勧誘していたという。

ルーキーイヤーの16年は5000mで13分52秒79をマークすると、駅伝では出雲で1区（区間10位）、全日本で2区（区間8位）、17年の箱根では3区（区間12位）を務めた。

17年はふくらはぎ痛でトラックシーズンは活躍できなかったものの、9月の日体大長距離競技会1万mで28分29秒12の自己ベストをマークした。しかし、出雲駅伝（2区／区間4位）の後に左ふくらはぎの痛みが再発。全日本は2区を走る予定だったが、欠場することになった。

「チームの結果については、さすがだなと思いましたね。華がないと言ったら失礼ですけど、各自がしっかりと役割を果たして、頼もしいと感じました」とチームメイトたちの走りを評価した一方で、「2区はトップと14秒差の6位で走る展開でした。新井さんはクレーバーな走りで、自分のペースで淡々と行きましたが、自分ならガッと前に行って、先頭集団につくそぶりも見せずに、白バイを追いかけたと思います」と伊勢路を走ることができなかった悔しさを口にした。

ふくらはぎの痛みも消えつつあり、富津合宿では練習を再開。箱根駅伝への〝思い〟をこう語った。

「本当は1区希望なんですけど、大森先輩は絶大な信頼があるので、正直厳しいと思っています。でも、3区も自分に凄く合っているコース。前回は18㎞まで区間賞を狙える位置にいたんですけど、湘南大橋から動かなくなりました（笑）。終盤のペースアップを課題に、ラスト3㎞から切り替えて区間賞が獲得できるように練習していきたいです」

横川といえば、「ハチマキ」の秘密を聞かないわけにはいかないだろう。高校生ランナーの〝定番アイテム〟ではあるが、大学生で頭に巻いている選手はほとんどいない。

出雲駅伝で1区大森澪からタスキを
受け取る横川巧(右)。箱根駅伝でも
ハチマキをなびかせて快走を見せる。

「ゲン担ぎの意味もありますが、ハチマキをすると気合が入るんです。ハチマキは坊主頭じゃないと似合わない。だから、4年間、坊主頭の予定です」

ちなみにハチマキには、「ジャイアントキリング」という刺繍が入っている。サッカー漫画の『GIANT KILLING』を読んで感銘を受けたからだ。

「目標と言っていいのかわからないですけど、日本長距離界の頂点にいる大迫傑さんと在学中に戦って〝大物食い〟をしたい。そして、世界で勝負できる選手になりたいんです」

もちろん横川は箱根でも〝ジャイキリ〟を起こすつもりでいる。

現在の大学2年生は闞颯人、鬼塚翔太、館澤亨次らを擁する東海大に熱い視線が注がれているが、川崎監督はふたりが入学したときから〝4年計画〟を考えてきた。

「2～3年すれば、おもしろいんじゃないかなと思っています。高砂と横川が上級生になるときは、優勝はともかく、トップ3は狙えるぞ、というところまでいきたい」とふたりをエースに育てるべく、駅伝では1年時から主要区間で経験を積ませてきたのだ。

そういう意味では、来年、再来年が楽しみのチームではあるが、今年の中央学院大はトップ3を目指せるところにいる。なぜなら、山に〝隠れエース〟が控えているからだ。

「山の神」に最も近い位置にいるクライマー

今井正人のようにシャープな走りではなく、柏原竜二のような力強さもない。身長170cm、体重51kgの軽量ボディを持つ細谷恭平（4年）は、自身のことを「神野大地に近い」と分析している。

「山上りに強い選手は大きくわけて、2種類のパターンがあると思っています。柏原さんは臀筋や脚がゴツくて、ゴリゴリと筋力で押していくんですけど、逆に神野さんは軽量で、ピッチとテンポで上っていく感じ。自分は神野さんのタイプを目指そうと思います」

細谷は神野の走りを分析。脚の運び方、接地の角度などを参考にして、自身の走りに取り入れた。そして前回の箱根駅伝は5区で〝快走〟を見せている。

箱根湯本（2・5km地点）の個人タイムは20番目も、本格的な上りが始まると強さを発揮。箱根山中で4校をかわして、往路ゴールに7位で飛び込んだ。区間タイムは1時間13分08秒（区間3位）。22秒差で区間賞は逃したが、箱根湯本から蘆之湯（15・8km地点）までの「上り区間」のタイムは区間トップの駒澤大・大塚祥平より18秒も速かったのだ。

正月の箱根駅伝では「山の神」に最も近いところにいる選手だが、もともと上りが強かったわけではなかったという。ここまでの成長過程も独特だ。

高校時代の5000mベストは14分29秒41。チームメイトの同学年では最速で、茨城・水城高では全国高校駅伝に3年連続（7区、1区、1区）で出場している。1年目から活躍を期待されたが、大学入学前に痛めた右膝がなかなか完治しなかった。本格的な練習ができるようになったのは2年生の夏で、焦っていた細谷は自分のストロングポイントを必死に探したという。

「夏合宿は起伏の多い場所をよく走るんですけど、他の選手はあまり上りを意識して走っているように見えなかったんです。それならば、上りを積極的に取り組んでいけば、それが自分の強みになるかもしれない。そう思ったんです」

そして、16年箱根駅伝の8区を区間3位と好走する。遊行寺の坂がある後半のタイムが一番良かったことを知り、上りへの意識をさらに高めた。「どうしたらもっと楽に走れるか」を考えて、柏原や神野の走りを研究。自分の武器に変換していった。

しかし、16年は夏に右中足骨を疲労骨折した影響で出雲と全日本は欠場した。「箱根に間に合うかどうかギリギリな状態でした。11月の富津合宿は、エアロバイクを持ち込んだくらいですから」と細谷。11月はリハビリが中心で、実践的なトレーニングができるようになったのは12月に入ってからだった。そのため「上り」の練習だけに特化して取り組み、天下の険に挑んだ。

「ずっと故障していたのもあったので、正直、手応えはほとんどありませんでした。ただ、任せられたからには、その期待に応えなきゃなという思いで走りました」

前回は故障の影響で準備不足だったが、17年は5月の関東インカレ2部ではハーフマラソンで3位。夏には右ハムストリングスを痛めたものの、故障者が出たため、全日本では最長区間のアンカーを務めた。

「シード権は必ず押さえたいという思いと、チーム目標である5位を狙いたいという思いの両方があったんです。でも、前とは1分以上の差があったので、キロ3分ペースで押していき、前のチームが見えてきたら切り替えようと考えていました。結局、追いつくことはできませんでしたが、6位を確保できたので適切な判断ができたのかなと思います」

細谷は19・7㎞を59分30秒（区間9位）でまとめている。16年と比べると、11月時点の状態はずっといい。今回は万全な状態で箱根駅伝の5区に登場できそうだ。

「5区は上りが中心の区間ですけど、上り切った後の下りも重要です。前回は山頂近くまで大塚（祥平）さんの背中が近づいてきたのに、下りに入ったらすぐに離されてしまいましたから。もともと下りはうまくないので、今回は下りの対策もしっかりやりたいと思います」

18年1月2日には「山の神」と呼ばれるかもしれない細谷だが、普段のキャラクターは力強さとは対極にある。なんだか「ふわふわしている」タイプだ。

「山の神なんてとんでもない。全然、自分は神じゃないんで……。それどころか、後輩にもイジられるんですよ。特に藤田（大智、1年）なんかは凄いですね（笑）」

優勝を狙わないチームの〝勝つ〟戦略

快進撃を続けている中央学院大だが、その理由はなぜなのか？ 川崎勇二監督の指導術をひとことで表現すると、決して「欲張らない」ことにある。それは選手勧誘から徹底していて、どの大学もほしがる全国上位のランナーは勧誘しない。そのかわり、「大学で伸びる」とにらんだ選手には、高校1年生のときから声をかけている。

トレーニングに関しても、インターバルの本数は1000mなら3本ほどと極端に少ない。距離走のペースもゆっくりだ。その反面、効率的なランニングフォームを指導して、主力選手にはオーダーメイドともいえる個々に合った練習メニューを与えている。

「拒否反応を起こすような厳しい練習は意味がないですし、箱根駅伝で優勝するために私はやっておりません。箱根で勝つことを考えると無理がある。それよりも、選手たちが地元へ帰ったときに、『成長したな』『大人になったな』と言われるような4年間にしたいですし、ひとりでも多くの実業団選手を育てたいんです」

川崎監督はそもそも箱根駅伝の「優勝」を目指していない。そういう意味では、極めて異質なチームだ。

それでも今回は往路7位のメンバーが全員残っており、〝過去最強〟ともいえるような戦力が整いつつある。5月の関東インカレ2部のハーフマラソンでは細谷が3位、市山翼（3年）が6位、大森が7位に食い込み、青山学院大、神奈川大など強豪校がひしめくなかで〝トリプル入賞〟を達成。9月の日体大長距離競技会1万mでは横川が28分29秒12、大森が28分56秒06、高橋翔也（1年）が29分02秒98、廣佳樹（3年）が29分08秒46、福岡海統（3年）が29分15秒89、市山が29分27秒97、有馬圭哉（2年）が29分28秒51をマーク。7人が29分30秒を切る自己新で走り、総合力は格段にアップした。そして全日本で初めて「2年連続シード」をゲットしたが、川崎監督の〝考え〟は変わっていない。

「選手層は厚くなってきましたけど、いわゆるエースがいないじゃないですか。全日本も前半のスピード区間に対応できた選手がいませんでした。でも、ウチらしくやっていれば、シード権（6位以内）はギリギリ獲れるかなと思っていたんです。箱根もミスがなければシード権（10位以内）は獲得できるでしょう。前回はデコボコでしたので、今回は全員が区間ひとけた順位で走るような駅伝をしたい。とにかく故障と体調不良には気をつけて、いかにトレーニングを継続できるか。それを大切にしていきたいと思っています。優勝ですか？ それは無理ですよ（笑）」

川崎監督は箱根駅伝の優勝を狙っているわけではないが、1～4区は経験者が全員残っており、復路も穴のないオーダーが組める。そして、今回の中央学院大は〝山〟がおもしろい。前回は5区細谷が区間3位、6区樋口陸（3年）が同5位と好走しており、大きなアドバンテージが期待できるからだ。でも川崎監督は欲張らないし、その考え方は選手たちにも浸透している。

主将の新井は、「全日本の上位3校（神奈川大、東海大、青山学院大）とは差が感じられるんですけど、自分たちは5区と6区が充実しているので、東洋大と駒澤大には手が届くかなという手応えはあります」と言うと、副将の大森は「5位が目標なんですけど、このまま全員が万全な状態でいけたらもっと上が狙えるはずです。優勝ですか？　できたらしたいですけど……」と苦笑いした。5区で大活躍が期待される細谷も至って冷静だ。

「みんなには『区間賞を狙えよ』とか言われますけど、自分のなかでは、まだ大きなことを言える選手ではないと思っています。区間賞を狙うのではなく、自分の出せる力を出し切ることが目標です。それは毎回思っていることで、その結果として区間賞などの結果がついてくればいい。それに駅伝なので、個人よりもチームの目標を達成したい。箱根は『5位以内』が目標なので、それを念頭に置いて、自分の力を出し切るだけです」

前回の区間タイムは1時間13分08秒。今年の状態を考えれば、大幅なタイム短縮が可能なはずだが、本人は「最低でも1時間12分台では走りたいと考えています。目標が低い？　いや、自分のなかでは高いと思っていますよ（笑）」と答えている。

欲張りすぎないことが、中央学院大の〝強さ〟の秘密なのかもしれない。別の言い方をすれば、優勝を狙わないことが同校にとっては〝勝つ〟ための究極な戦略なのだ。大混戦になればなるほど、中央学院大の力強さが白日のもとにさらされることになるだろう。

2018年の箱根駅伝へ

２０１８年1月2日、３日に第94回大会となる箱根駅伝が開催される。今回は４連覇を目指す青山学院大、スピード駅伝の出雲を制した東海大、全日本で20年ぶりの優勝を飾った神奈川大。この3強を軸に展開されることになるだろう。そのなかで序盤に〝超強力カード〟を切ってくるのが神奈川大になる。

１区は１万ｍの神奈川大記録（28分29秒43）を保持する山藤篤司（３年）が濃厚で、２区には「学生ナンバー１」の呼び声高い鈴木健吾（４年）がスタンバイしているからだ。前回は１区山藤が5位で滑り出すと、２区鈴木健吾が日本人歴代5位の１時間７分17秒と快走して、トップに立っている。

6月に右股関節を痛めた鈴木健吾は「８割ほどの状態」（大後栄治監督）で、全日本８区（19・７㎞）を日本人歴代2位の57分24秒で走破。東海大・川端千都（４年）と青山学院大・鈴木塁人（２年）に１分30秒以上の差をつけた。鈴木健吾は花の２区で日本人最高タイム（１時間６分46秒）の更新を狙っており、東海大と青学大の両校に２分近い大差をつけられるだけの爆発力を秘めている。

加えて神奈川大は他区間の戦力も整いつつある。前回は3区で早々と首位を受け渡したが、前回3区（区間15位）の越川堅太（2年）は全日本5区で区間賞を獲得するなど成長。1万m28分台で前回6区を担った鈴木祐希（4年）も往路にまわす予定だ。神奈川大は2区までの「貯金」を生かして、逃げ切る作戦で20年ぶりの総合Vを目指す。

トラックのタイムでトップ争いをしている青山学院大と東海大は似たようなチーム構成になる。ともに花の2区に〝大砲〟がおらず、その他の区間でアドバンテージを奪う戦略になるだろう。

青山学院大・原晋監督は、箱根では過去の成功体験を重視しており、今回も1区梶谷瑠哉（3年）、4区森田歩希（3年）、6区小野田勇次（3年）、8区下田裕太（4年）という配置が〝基本形〟になると見ていい。5区にも前回の経験者である貞永隆佑（4年）がいる。2区は全日本でアンカーを務めた鈴木塁人が候補。あとは暑さが不得意なものの、突破力抜群の田村和希（4年）をどこに起用するのか。

東海大は箱根2区の経験者が川端千都（4年）、春日千速（4年）、關颯人（2年）と3名もいるが、いずれも神奈川大・鈴木健吾が相手では真っ向勝負は難しい。両角速駅伝監督は闞、鬼塚翔太（2年）、館澤亨次（2年）らにトラックで世界を目指すための〝英才教育〟を施すなど、スピードにこだわってきた。2年生トリオの持ち味を生かした区間配置で勝負を仕掛けたい。

3強はいずれも山上りの「5区」が他の区間と比べて計算しにくい。4区までに大量リードを奪わないと、5区に〝切り札〟を持つチームに逆転される恐れがある。山で一気に順位を上げてきそうなのが、前回3位の早稲田大と同6位の中央学院大だ。

早稲田大はキャプテン安井雄一（4年）の3年連続5区が有力。前回は区間4位（1時間14分07秒）だったが、前々回は約2・5㎞長かった5区で1時間21分16秒をマークしており、1時間10～11分台で走ってもおかしくない。

中央学院大は前回区間3位（1時間13分08秒）の細谷恭平（4年）が控えている。昨年は夏に右中足骨を疲労骨折。本格的な練習は12月からだったことを考えると、今回は大幅なタイム短縮が期待できる。

3強がつまずくようだと、他の大学にも総合優勝のチャンスが出てくる。

前回2位の東洋大は、全日本で6区の途中までトップをひた走った。箱根でもエース山本修二（3年）、全日本1区区間賞の相澤晃（2年）、日本インカレ1万m日本人トップの西山和弥（1年）を軸に大胆なオーダーで総合Vを目指す戦略を立ててくるだろう。前回4位の順天堂大は、2区に前回区間5位のエース塩尻和也（3年）、4区に同区間1位の栃木渡（4年）、5区にも同区間5位の山田攻（3年）が残っており、区間配置のバランスがいい。駒澤大は今夏に行われたユニバーシアードのハーフマラソンで金メダルと銀メダルを獲得した片西景（3年）と工藤有生（4年）のWエースを軸に攻め込んでくるだろう。片西は11月の上尾ハーフでも好結果を残しており、チームの総合力も上がってきた。

シード権をめぐる戦いも熾烈になる。前回7位の日本体育大と同8位の法政大、前回11位で予選会トップの帝京大、2年ぶりの出場となる中央大などが10位前後で激しいバトルを繰り広げそうだ。

今大会も見どころ満載の箱根駅伝。どんなクライマックスが待っているのだろうか。

おわりに

箱根駅伝で最も感動的なのは、1月3日の13時30分頃の大手町。優勝校の最終走者がフィニッシュする瞬間だと思う。ゴールエリアは関係者しか入ることができないが、周囲を多くのファンが取り囲み、その中心では本物の〝感動〟が渦巻いているからだ。

最終走者が近づいてくると、部員たちは肩を組んで、校歌などを合唱しながら、アンカーの到着を待ち構える。すでに目を赤くしている選手もいて、タスキをつないだ選手だけでなく、走れなかったメンバーやマネージャー、監督などチーム全員の心がひとつになる。それは〝人生最高の瞬間〟と言ってもいいだろう。

優勝争いだけでなく、シード権争いも熾烈になっており、ドラマはいたるところで繰り広げられる。そして、わずか数秒差が天国と地獄を隔てることも。今回取材にご協力いただいた大学、選手の皆さまにハッピーエンドを期待したいが、総合優勝に輝くのは1校のみ。どれだけの努力を重ねても、20校のなかで順位はキッチリとつく。〝敗者〟は残酷な現実を受け止めなくてはならない。これも箱根を目指してきた者たちの宿命だ。

かつて箱根駅伝を本気で目指した者として〝後輩〟たちの気持ちは痛いほどよくわかる。本書を執筆するにあたり、私も学生時代のノートを探してみた。押し入れのなかからは高校3年時、大学2年時、大学4年時と3冊の練習日誌が出てきた。

約20年ぶりにノートをめくってみたが、これは誰にも見せられない、と思った。大学2年以降は故障で走れない日々が続いていたこともあり、大学時代のノートは悔しい思いばかりが綴られていた。そして自然と涙があふれてきた。

当時の記憶が鮮明に浮かんできて、自分にもこんな青春の日々があったんだと、懐かしい気持ちと、もうあの頃には戻れないという寂しい気持ち。いろんな感情が押し寄せてきたからだ。本来ならば他人に見せることのないノートを見せてくれたランナーたちの勇気に感謝したいと思う。本当にありがとう。そして、箱根を目指すランナーの数だけドラマがあることを改めて思い知らされた。本書を通じて、選手たちの軽やかな走りに隠された〝濃厚な物語〟を感じていただければ幸いだ。

酒井政人

［参考文献］
『月刊陸上競技』（講談社）

［カバー撮影］
末松正義

［写真提供］
月刊陸上競技（カバー下、口絵P4、P7、
P25、P87、P99、P152、P179、P191上）
松尾/アフロスポーツ（口絵 P3下）
東海スポーツ（P55下）
ベースボール・マガジン社（P75）
東海大学陸上競技部（P79）
日刊スポーツ/アフロ（P148、P175）

※本文中に引用されているノートの文章は、原文に沿った上で、一部、文字の校正を行っています。

著者
酒井政人《さかいまさと》

スポーツライター。
1977年1月19日生まれ、愛知県出身。東京農業大学1年時に箱根駅伝10区出場。大学卒業後からライター活動を開始。現在は『月刊陸上競技』をはじめ様々な媒体に執筆中。著書に『新・箱根駅伝 5区短縮で変わる勢力図』(角川新書)、『東京五輪マラソンで日本がメダルを取るために必要なこと』(ポプラ新書)、『箱根駅伝監督 人とチームを育てる、勝利のマネジメント術』(カンゼン)など。

箱根駅伝《はこねえきでん》ノート

2017年12月30日　初版第1刷発行

著者　酒井政人《さかいまさと》
発行者　栗原武夫
発行所　KKベストセラーズ
〒170-8457 東京都豊島区南大塚2-29-7
電話 03-5976-9121

ブックデザイン　フロッグキングスタジオ
DTP　オノ・エーワン
印刷所　近代美術
製本所　積信堂

 ISBN 978-4-584-13835-9 C0075